UNA NUEVA HUMANIDAD

La tierra en 5d

Ama Cascales Linares

UNA NUEVA HUMANIDAD

La tierra en 5d

Título: Una nueva humanidad, la tierra en 5d.

Maquetación: 2022, Editorial MilaHaru
Diseño portada: 2022, Editorial MilaHaru

Primera edición: Noviembre de 2022
Impreso en España
ISBN-13: 978-84-126010-0-8

A mis padres y a mi hija. A los primeros, por educarme perfectamente para tener éxito en la Vieja Humanidad, y a la segunda por enseñarme a disfrutar del paraíso que es la Nueva. Sois mis raíces y mis alas.

A mi hermana Paola, por recordarme abrir el paraguas del humor y la alegría en todas mis tormentas. Tu amor me ha nutrido en los momentos más difíciles de la experiencia.

A todos los maestros que me he ido encontrando en el camino, sin los cuales no tendría la información que en él comparto. A los que elegí voluntariamente y a los que la vida me puso sin elección. A los que me enseñaron con amor, y a los que con dolor me permitieron liberar karma.

A Anxo Pérez, por enseñarme el incalculable valor de la amistad, la humildad y la ecuanimidad. Por tu confianza y apoyo incondicional siempre, desde mucho antes de esta vida. Mucho de este libro lo aprendí de ti y contigo. Eres un faro, una inspiración continua.

NOTA DE LA EDITORA

Una nueva humanidad es más que un libro: es una invitación a expandir tu consciencia y comprender que el mundo tal como lo conoces está evolucionando a niveles hasta ahora difíciles de integrar desde la mente. Se que hay momentos en los que te cuestionarás tu entorno y el camino que todo este nuevo paradigma te invita a transitar. Claro que hay que cruzar bosques oscuros y te dará miedo, pero precisamente al atravesarlos te estarás enfrentando a tu verdad, a la que vive en tu interior y que nadie puede manipular. Porque te aseguro que tu corazón, que es quién alberga esa verdad, te va a guiar para que lo logres. Maestros, guías espirituales y seres iluminados transitaron antes este camino, así que es maravilloso sentirnos acompañados a cada paso. Confía en ti, confía en tu verdad, pero sobretodo goza de cada nuevo paso. Una nueva ventana se abre frente a ti, para que descubras otra manera de sentir, de pensar y de comunicarte contigo y con los demás seres que habitan esta extraordinaria Tierra. Date permiso para SER. Date permiso para abrir esta ventana. Deseo que este libro te lleve a redescubrirte, ya que sólo podremos acercarnos a esta nueva humanidad despertando.

Con amor
Mila Haru

INDICE

PRÓLOGO

Un día descubrí que no todo en esta vida calibra igual. Hay cosas que calibran alto y otras que calibran bajo.

Este libro calibra alto. Bueno, alto no. Súper alto.

Lo que calibra positivo es lo que va a favor de la vida. Lo que no, va en contra. Lo que calibra súper alto se acerca a la iluminación. En la iluminación los problemas no existen. No porque deje de haber retos, sino porque los retos dejan de molestarte. Pero ese nivel es para expertos.

–"Anxo, entiendo que el nivel experto es para unos pocos? Gente lista, privilegiada, ¿a lo mejor hasta guapa y adinerada? En definitiva, yo no".

–"Falso", –respondo, –"El acceso es tremendamente democrático. Nunca nada ha sido más sencillo y universalmente accesible".

Entonces, ¿cómo hacer para acceder a esa nueva humanidad?

El 100% de las decisiones que vas a tomar en esta vida sin excepción constan de dos caminos. Uno que te va a acercar a ese "éxito" y otro que te va a alejar de él. Seguir leyendo es el primero. No hacerlo es el segundo.

Lo que tienes en tus manos es una puerta a ese gran salto. Te animo no solo a que te empapes de cada palabra de esta amorosa obra, sino también a que con cada palabra elijas el camino del agradecimiento: a la autora, al universo que ha puesto el libro en tus manos, a la posibilidad de leerlo, a tu humildad y predisposición que te permite abrirte a un mundo nuevo, y a todo el tablero de ajedrez que se ha confabulado para que tú hoy puedas estar aquí atravesando esta puerta a tu siguiente nivel de crecimiento.

Te tomo prestados esos seis agradecimientos y me llevo el foco al primero. Ana, "Ama", es un regalo y un ser de luz y fuego que llegó a mi vida hace casi una década. He vivido en tres continentes y eso implica conocer a miles y miles de personas de todo tipo. ¿Cuántos de esos miles se parecían a la autora?

Ninguno.

Nuestro ego (nuestra Bolsa Negra, como yo le llamo) nos lleva a especializar (hacer especiales) a las personas y a jerarquizar. No cometeré ese error. No es un tema de si ella es mejor o peor que otros, eso es un juicio, pero decir que inspira como pocos, ya no es un juicio (Bolsa Negra), sino una realidad (Bolsa Blanca). Ayer por la noche en una cena Ana surgió en medio de la conversación, y lo que yo decía de ella es que tiene el singular poder de vivir en una sola vida lo que la mayoría no consigue vivir en diez. Lo comprobarás al leer capítulos de su vida más propios de la ficción que de la realidad, y me darás la razón.

Quizá fuego e inspiración son las dos palabras que yo elegiría para definir a la autora, pero hay muchas más. Para mí ha sido y es una maestra por su garra, tenacidad, arrojo, acción, pasión, energía, sabiduría, compasión, apoyo y, sobre todo, amor. Mejor dicho, AMOR, con mayúsculas.

Prepárate para este viaje y empápate de la energía que lo permea, descrita en el párrafo anterior.

He escrito muchos prólogos a lo largo de mi vida, pero ninguno para alguien tan cercano a mí. En casi todos he incluido mi top ten de frases que describen al libro y al autor. Esta vez haré lo propio de forma más especial, si cabe. Aquí van:

El primer paso para alcanzar un objetivo no es ponerse a caminar, sino saber hacia dónde.

10. Mil días que te quedas en la orilla estudiando el océano valen menos que un solo día en que te echas a la mar.
9. Hay algo infinitamente más poderoso que dar consejos: dar ejemplo
8. Algunos esperan a que salga el sol; otros bailan en la lluvia
7. Es más fácil invertir toda una vida culpando fuera que invertir un solo segundo mirando dentro
6. Muchas veces lo que te impide flotar no es no saber nadar, sino tu desesperación por no hundirte.
5. Se consigue más con un gramo de amor que con una tonelada de ira.
4. De todos los caminos aprenderás algo salvo de uno: aquel que nunca has tomado.
3. Si quieres que otros vean, tan solo sé luz.
2. La vida es como un espejo. Cada vez que le regalas tu sonrisa... te la devuelve.
1. La intuición sabe lo que la mente desconoce

Y bonus...

Anxo Pérez

AGRADECIMIENTOS

Desde que pensé que había terminado este manuscrito hasta hoy, momento de la publicación, han sido varías las almas que han aparecido en mi camino a nutrir mi visión e inspirar la versión definitiva de este libro. No tengo duda de que han sido enviadas para confirmarme lo que yo intuía y proporcionarme la confianza necesaria para exponerme tan vulnerable sobre temas tan abstractos.

"A todas y cada una de las personas con las que me he entrevistado en los últimos meses, GRACIAS. A las que han hecho posible el I Congreso Virtual sobre Una Nueva Humanidad, a las que me cruce en un café y me hablaron espontáneamente de la 5D y a los que se sorprendieron al recibir esta información. Todos contribuyeron a esta obra. A la editora Mila Haru, que desde el primer momento vibro el mensaje de esta obra y quiso ayudarme a difundirlo. A Maxi, por ser el canal complementario para que el gran sueño de cocrear una nueva humanidad se expanda e inunde a todos mis hermanos.

Gracias, gracias, gracias.

AMA"

Adentrándote en la aventura de leer este libro estás plantando una semilla viva en tu corazón que, con "El Paso" de los días, irá brotando y activando códigos de luz en tu ADN que andaban dormidos. Una semilla de información tan viva que cada día se actualiza y evoluciona.

Este libro no pretende darte respuestas sino replantear tus preguntas. El matrimonio sagrado entre tu femenino y tu masculino te permitirá recordar el ser cristico que anima ese envoltorio perfectamente diseñado al que llamas cuerpo. Es ese ser cristico quien te dará todas las respuestas que necesites en cada momento.

Con todo mi amor y gratitud,
Ama Cascales Linares.

INTRODUCCIÓN

Toda la destrucción, sufrimiento, muertes, caos, conflictos, rupturas, enfermedades y quiebras que se están dando últimamente en el Planeta -y en mi propia vida- tienen que tener algún sentido, ¿no?

Tanto curso, tanta terapia, tanta sanación, tanta introspección, tanto libro, tanta formación... ¿Para qué?

Estas son las preguntas que vengo haciéndome desde principio de año. No imaginaba recibir la respuesta del Universo tan clara y tan sencilla como empecé a recibirla.

Hace unos días, Carla, después de construir un Lego aparentemente perfecto, lo tiró y desmontó todas las piezas.

-"¿Por qué lo rompes?", -le pregunté.

-"Para volverlo a montar, mamá", -me contestó.

Guau, pensé. Construir por el mero arte de crear, y destruir para volver a disfrutar del arte de crear con más destreza y más sabiduría. Inteligencia divina.

Sin saberlo, ella con su juego inocente me dió la respuesta a lo que está sucediendo en el Planeta en este momento y el inicio de este libro. Cada proceso de muerte y destrucción implica un nuevo proceso de creación que se conservará durante un tiempo para después volver a renovarse, de acuerdo a las leyes de la evolución. Rajas, Tamas y Sattva, dicen las Gunas del Vedanta. Brahma, Vishnu y Shiva, los hindús.

Así es como se va expandiendo el Universo y como vamos evolucionando todos los Seres que habitamos en él. Dando vueltas a la espiral infinita de ascensión, disolviendo todas las ilusiones de la mente y acercándonos cada día un poco más a la única verdad, el Amor.

Sólo cuando algo que para la mente es "verdad" desaparece o se transforma podemos darnos cuenta de que no era tan verdad como pensábamos. O, al menos, que hay otras verdades más profundas, más universales. Si echas la vista atrás en tu vida, te darás cuenta de la cantidad de creencias sobre la felicidad, las relaciones, la salud, el trabajo, el sexo, la familia y el dinero que tenías sobre las cuales tu percepción se ha ido modificando con el tiempo, en base a tus propias experiencias vitales. Algo que hace 10 años pensabas, hoy sabes que no es así. Dentro de 10 años -y gracias a las miles de experiencias que vivirás en este tiempo- te darás cuenta de cuánto de lo que hoy piensas es falso.

Y como es adentro, es afuera. Sólo cuando se consolidó la democracia pudimos ver que la dictadura no era tan positiva como parecía. Esa destrucción o transformación de los sistemas y modelos en los que se sustenta una civilización, ha sucedido ya varias veces a lo largo de la historia para dar solución y respuesta a los problemas y necesidades de ese momento de la evolución. Fue gracias a que desaparecieron los dinosaurios que los seres humanos pudimos llegar a habitar este Planeta. Si en el momento que eso sucedió hubieran existido las personas, seguramente algunos se hubieran alarmado y tratado de evitar la extinción de estas especies, sin ser conscientes de que esa desaparición era necesaria para que el planeta pudiera continuar su proceso evolutivo. Con la perspectiva del tiempo, comprendemos que cada muerte tiene el propósito de un renacimiento a una nueva conciencia, nuevas experiencias y nuevas oportunidades de evolucionar.

La Tierra, como Ser dentro de un Universo en continuo movimiento, expansión y evolución, está lista para albergar a seres más evolucionados, como veremos más adelante. Personas de igual forma física pero distinta conciencia. Personas unidas bajo la Ley Universal del amor, habitantes de un único país, hermanos guiados por la sabiduría del corazón al servicio del Plan Divino.

A medida que Gaia, la conciencia de la Tierra, va elevando su frecuencia, los seres que en ella habitamos también debemos hacerlo y, por tanto, todas las especies que aún se mueven por su instinto de supervivencia deben "mudarse" a otro Planeta de inferior frecuencia vibratoria, donde seguir creándose experiencias para su evolución. ¿Cómo hace la Inteligencia Superior que lleva expandiendo el Universo millones de años para adaptar el contexto al contenido?

Todo lo manifestado desde la lucha de poderes, la competitividad, la desigualdad, la rivalidad, la falta de cuidado y, en definitiva, la ignorancia humana, se está desvaneciendo y transformando. Pero como decía El Principito, "Lo esencial es invisible a los ojos"; nunca desapareció y nunca lo hará. El espíritu de Dios se mantiene, sólo hay que observar su Creación.

Hace mucho que quería sentarme a escribir una verdad que no es solo mía. Continuamente he encontrado razones para no hacerlo; he dudado si escribir a mano o en el ordenador, si hacerlo en formato libro o blog, con estructura de carta, novela o reflexiones. He pensado varias veces en apuntarme a un curso para aprender a escribir libros, en contratar a un coach que me motivase a hacerlo, en fijarme un horario de escritura, buscar una editorial.

Así es la mente, llena de dudas e inseguridades. Así sucede cada vez que queremos hacer algo desde el ego, porque pensamos que es "lo que tenemos que hacer", porque otros lo han hecho y les ha funcionado, porque buscamos unos resultados específicos. Lo pensé y lo pensé, pero nunca encontraba el momento, el tema ni la inspiración para hacerlo. Solté la idea de escribir un libro y confié en que si en algún momento la Divinidad requería que lo escribiera porque tenía algún mensaje que transmitir al mundo a través de mi, surgiría fácil, fluida y naturalmente.

Y lo haría sin técnica, sin mentor, sin conocimiento ni experiencia previa. Desde el lugar desde el que nacen las creaciones más hermosas que he conocido. Lo haría porque estoy casi segura de que ya lo he hecho en otras vidas. Para darle voz a mi alma y orden a mis ideas. Porque sería parte de mi propio proceso de crecimiento y, posiblemente, del de otras almas que quizás algún día lean lo que escribo. Porque habría un mensaje que transmitir a través de mí en ese momento.

No lo haría para nada ni por nadie.
Lo haría como lo estoy haciendo ahora mismo, de corazón, en un desvelo a las 3 de la mañana, sin mucha premeditación ni planificación.

El mundo está cambiando, eso ya lo sabes.
Los 4 jinetes del apocalipsis, representados en los sistemas económico, político, religioso y científico, necesitan una actualización, como se actualiza el software del iPhone cada cierto tiempo.

A los que son responsables de transformarlos no les interesa hacerlo, y a los que nos interesa hacerlo no tenemos poder suficiente para ello. Así se llega a situaciones críticas, como el Corralito de Argentina, la COVID o la Guerra de Ucrania. Así llegamos a la Revolución Industrial en su día, la Santa Inquisición, la Guerra de la Independencia, las Guerras Mundiales y otros muchísimos "puntos de inflexión" que han ido sucediendo a lo largo de la historia con el propósito de ir actualizando el software de la civilización a medida que iba elevándose la conciencia del Planeta Tierra.

En el momento que se viven parecen un drama, una tragedia, pero con la perspectiva del tiempo se encuentra la bendición, el regalo de que eso sucediera. La conciencia no puede involucionar. Podemos perder lo que el ego creía poseer, puede terminar lo que el ego consideraba sería para siempre, pero no podemos repetir experiencias dolorosas fruto de nuestros actos ignorantes que ya han quedado grabadas en nuestra conciencia como sabiduría. Así es como, encarnación tras encarnación, vamos completando el plan pedagógico de nuestra alma. Con entrega, compromiso, perseverancia y constancia, como se superan las asignaturas de cualquier grado universitario.

—

Este libro es una propuesta para co-crear una Nueva Humanidad desde un lugar de unión, amor y autenticidad. Una dosis de valentía y confianza, un llamado a renacer. Una visión inspiradora de los regalos que podría dejar a futuras generaciones todo el sufrimiento que hoy está experimentando una gran parte del Planeta, consecuencia de unas raíces podridas. No construiremos una civilización de quinta dimensión de la noche a la mañana, incluso es muy posible que no seamos nosotros los que disfrutemos de estos frutos, al menos en este cuerpo.

—

Pero hay que hacerlo.

Como colectivo, y por supuesto empezando por lo individual y familiar, debemos soltar todas aquellas creencias a las que el ego humano sigue aferrado y que corresponden a un mundo viejo y caduco. Debemos recordar nuestra naturaleza espiritual y entregarnos al plan del Gran Espíritu. Dominar el arte de vivir aquí y ahora, en total conexión con la energía de cada momento presente, que es la brújula que nos dirige al Amor del que procedemos.

En la primera parte del libro te cuento mi proceso individual de rendición, mi camino de transición entre la tercera y la quinta dimensión, mi salto del miedo a la razón, y de la razón al amor incondicional. En esta parte incluyo muchos ejemplos personales con la intención de clarificar algunos de los conceptos que me gustaría transmitirte y brindarte una referencia. Te pido apertura para recibirme sin juicio, pues mi compartir es desde una vulnerabilidad total. Te propongo detenerte después de cada uno de ellos y reflexionar sobre el espejo que te muestran, el mensaje que cada historia tiene para ti. Las experiencias pueden ser diferentes, pero me atrevo a afirmar que las emociones que sentimos son las mismas.

En la segunda parte me atrevo a describir el futuro de la Tierra cuando una masa crítica haya dado este salto cuántico al amor, no como concepto romántico, sino como vibración. Te hablo de organizaciones políticas y empresariales, basadas en comunidades de familias, girando en torno al valor del crecimiento en amor y no en torno al dinero. Te hablo de la educación necesaria para que eso suceda y de la distribución geográfica de la Tierra cuando eso suceda. De una interpretación de Dios diferente, nuevas tecnologías y nuevas capacidades psíquicas. De las relaciones desde la conexión energética, no física. De la salud de nuestros vehículos corporales desde el equilibrio de todos los cuerpos que nos componen. Una nueva Tierra que entre todos y desde este momento estamos co-creando.

La tercera parte es un llamado a co-crear, a ser parte del cambio, a construir nuevos modelos desde los dones individuales y las agrupaciones en misiones. Te propongo distintas opciones, según el punto en el que te encuentres, y te comparto un índice de Referencias y Referentes, con libros, canciones, herramientas y personas que han inspirado mi camino y, de una forma u otra, me han traído hasta aquí.

Espero disfrutes leyéndolo o escuchándolo tanto como yo disfruté canalizándolo.

Parte 1

HÁGASE TU VOLUNTAD

Para saltar al vasto infinito incierto y misterioso que es Dios, debemos primero soltar el cubo limitado que es la mente. Comprender la perfección de las imperfecciones, el propósito de las acciones. Atravesar el dolor, sentir el miedo, la separación. Sufrir hasta saturarnos, controlar hasta rompernos.

1.1

TODO ES PERFECTO

Hoy es un día raro. Se supone que debía estar de excursión con mi familia y unas amigas en La Fortuna de San Carlos (Costa Rica), pero parece ser que la vida tenía otros planes. Íbamos a ir a las cataratas juntas, a los baños termales, al Volcán Arenal. A hacer un ritual de Luna Nueva, Yoga al amanecer y Kirtan. Esas eran mis expectativas. Pero al coche en el que viajaba (un Hyndai de 1993) se le rompieron los limpiaparabrisas en pleno diluvio a 4h del destino y tuvimos que parar en un pueblo de la Costa Rica profunda a repararlo. A las 17.30h de la tarde nos entregaron el coche “apañado” con pegamento y cuerdas porque no había piezas de repuesto en la chatarrería del pueblo. Al salir del taller, una de las ruedas estaba completamente desinflada. Cuando terminó nuestra aventura era de noche, y decidimos volvernos a casa y dar por concluido nuestra excursión de fin de semana.

Y aquí estoy, un sábado inesperado, lluvioso, sola en casa frente al verde de la selva del Caribe, escuchando una playlist de mantras mientras dejo que mis manos escriban. Observando el misterio que es la vida y lo fácil que es sufrir cuando, en vez de dejarnos llevar por ella y sus acontecimientos, nos empeñamos en hacer lo que queremos.

Yo quería ir a La Fortuna con mi hija y sus amigas. El ego estaba convencido de que así sería.

Y ayer, durante un buen rato, mientras paseaba calle arriba y calle abajo de un país poco desarrollado esperando a que los mecánicos arreglaran el coche, la mente pataleaba. Tuve que respirar muchas veces y muy profundo hasta sentir paz, hasta rendirme por completo al instante presente, hasta agradecer el regalo que la vida me estaba haciendo cambiando por completo mis planes de fin de semana.

"*Tengo un coche nuevo y cómodo, con aire acondicionado, y mi familia va en él. Y sin embargo tengo que ir en esta chatarra, hablando en inglés con esta gente en un coche en el que ni bajan las ventanillas*", –me decía la mente. "*Y ella me ha dicho que no tiene dinero, y seguro que ahora me pide hasta para la gasolina y el mecánico*", –proseguía. "*¿Y si llamas a tu hermana para que se regrese a recogerte y las dejas a ellas aquí esperando a que les arreglen el coche, y no te jodes tú el fin de semana?*", –continuaba. "*¿En qué momento se te ocurrió invitarlas a este viaje? Tu intuición ya te decía que no debían venir, que no eran necesarias*". Y así un rato más... hasta que me pillaba observándola y riéndome de ella. Mi conciencia entró en juego y le daba las gracias a la vida por la tremenda oportunidad de practicar la rendición y el tatuaje que desde hace 2 semanas llevo en mis muñecas: LET GOD. Hágase tu Voluntad a través de mí. Siempre.

Ayer su voluntad era esa. ¿Por qué? Ni idea. ¿Tenía karma que liberar con estas dos mamás y sus hijas? Puede ser. ¿Dios nos protegió de una catástrofe mayor? Vete tú a saber. ¿Se requería que mi hermana y mi hija estuvieran solas en La Fortuna con la familia de amigos que había venido a visitarnos de España? Posiblemente. ¿Había algún propósito en que yo me quedara este fin de semana sola en casa? A lo mejor.

Quizás algún día llegue a comprender el motivo o quizás no. Pero el motivo no es lo importante. Lo importante es la cantidad de emociones que ayer sentí muy intensamente en todo mi cuerpo. La cantidad de pensamientos de todo tipo que atravesaron la mente, todos ellos tratando de separarme, de buscar una causa, un culpable, una solución. Las sensaciones físicas de incomodidad que respiré, los impulsos de hablar grosero que contuve y las reacciones desagradables que transformé en silencio. Ese fue, sin duda, mi regalo de ayer.

Llegar a la casa tan maravillosa que Dios nos ha prestado en plena selva caribeña, ducharme con agua fría, tumbarme sola en una cama XXL y dar gracias por estar viva, sana y salva.

Porque al final del día todo estaba bien, de acuerdo al perfecto Orden Divino. Pensara la mente lo que pensara.

Y esa es la vida, querid@. Un despliegue continuo de acontecimientos que no son más que oportunidades para observar el juego (o la lucha, depende) entre la mente y la conciencia que nos habita. Entre esa parte de nosotros que se resiste a lo que sucede, que va de la euforia al sufrimiento, y esa otra que mantiene la calma y el equilibrio en todo momento. Entre esa parte que hace planes y se apega a sus expectativas de cómo deberían ser las cosas en un futuro, y esa otra que en cada segundo se sorprende del misterio tan inexplicable que es esta vida. Entre esa parte que juzga y critica, que quiere cambiarlo todo, y esa otra que tiene la certeza de que en el Plan Divino no hay error alguno.

Ese ha sido mi viaje estos últimos años. Realmente, ese ha sido mi viaje desde el principio de los tiempos, desde mucho antes de lo que yo recuerdo. Aprender a distinguir esas dos partes, e ir adquiriendo la sabiduría para que sea cada vez más la parte Divina / espiritual la que maneja mi vida, la que toma las decisiones, la que habla, la que cocina, la que baila, la que juega con mi hija, la que escribe. A veces la mente se empeña en interferir, no lo voy a negar, pero cuando es así, ya la vida se encarga de recordármelo, tal y como pasó ayer. Cuando es así, se despierta un malestar, una incomodidad, una tensión o un dolor que me devuelven inmediatamente al centro, al asiento del observador, al simple pasajero del avión comandado por Dios, al lugar desde el que nada es bueno o malo, solo Es. Es parte de la Creación y, por tanto, es perfecto y necesario para algo que la ignorante mente humana desconoce.

Vine a Costa Rica en agosto de 2021 a visitar a unos primos que habían decidido mudarse aquí con sus 3 hijos. En ese momento la mente quería huir de la imposición, el control y el sometimiento del sistema europeo durante la pandemia, y alejar a Carla, de casi 4 años en ese momento, de la vacuna y el inconsciente colectivo de la ciudad. Los dos últimos años en España fueron absolutamente destructivos: me separé de Sebas, su papá. Llevé una empresa a concurso de acreedores, cerré otra muy rentable y en crecimiento por diferencias con los socios, me quedé sin dinero, sin casa, con casi 100.000€ de deuda y con todo tipo de ayudas estatales rechazadas. La vida me llevó a situaciones extremas, lejos de lo que había sido mi zona de confort durante años, para que colapsara, vaciara peso de mi mochila de creencias, e hiciera espacio a todo lo nuevo que tenía preparado para mí.

Hace cerca de 10 años que comencé mi viaje hacia adentro, del que sin duda estos últimos dos han sido las prácticas más duras. Una estudia una carrera, hace un máster, trabaja en una multinacional, emprende sus propios proyectos, viaja por el mundo, lee cientos de libros, hace decenas de cursos... y cree que sabe algo. Y luego llega la vida y te cuestiona qué tanto amor hay en tu corazón, que tanto confías en la vida y qué tan dispuesta estás a soltar todo lo que pensabas ser y tener para comenzar a escribir tu propia historia.

Durante 6 meses viví en el Pacífico, cerca de mis primos, pero desde el principio supe que mi hogar no estaba allí, que aquella etapa sería simplemente un puente hacia lo siguiente.

En octubre visité por primera vez el Caribe y 5 días aquí fueron suficientes para conocer a gente extraordinaria, sentirme en familia y enamorarme de este lugar. En el Caribe encontré autenticidad, verdad, sencillez, belleza y mucha paz. En el autobús de vuelta a Pacífico conocí a Gustavo, un brasileño con el que inmediatamente sentí una fuerte conexión. Al llegar a Tamarindo me invitó a pasear por la playa para ver las estrellas, a lo que no me pude resistir. Esa noche fuimos a cenar y acordamos que al día siguiente me ayudaría a hacer la mudanza a una nueva casa. Era un 26 de octubre y, aunque no me di cuenta hasta un mes más tarde, ese día me quedé embarazada.

Volví tan encantada del Caribe, que un amigo español me propuso venderme un terreno que tenía allí a muy buen precio. Me interesó y acordamos ir a verlo el fin de semana del 26-28 de noviembre. Como te puedes imaginar, en las 14 horas que duró el viaje nos dio tiempo a hablar de todo. Ya llegando, y sin venir mucho a cuento, este amigo me cuenta que ha tenido 5 abortos con 5 mujeres diferentes. En ese momento el pulso se me acelera, empiezo a conectar piezas del puzzle y mi intuición me dice que estoy embarazada de Gustavo, que ya estaba de vuelta en Brasil. la mente se activa, mi cuerpo se tensa y mi corazón se acelera. Era mi segundo viaje al Caribe y la vida me tenía preparado un viaje muy distinto al que yo había imaginado. Otra oportunidad de observar el juego entre la mente y el Ser. Ese fin de semana vimos el terreno, pero mi foco estaba 100% en mi embarazo, el cuál quería interrumpir. Sentí miedo, frustración, impotencia, soledad, injusticia. “¿Por qué debemos pasar por esto las mujeres y los hombres casi que ni se enteran? ¿Cómo no te cuidaste, Ana? ¿Cómo se lo vas a decir? ¿Qué vas a hacer? Eres una irresponsable”, me decía la mente. Busqué en Internet las opciones de aborto en Costa Rica. Legalmente, ninguna. Debía resolver ese asunto cuanto antes y para eso debía viajar a México o Miami. “¿Y qué hago con Carla? ¿Cómo le pido a su padre que se quede con ella, que tengo que ir a abortar?” El ruido de la mente esos días fue tormentoso. Ahora comprendo qué necesaria fue esa tormenta para purificar el karma que mi alma había acordado liberar con esa experiencia de aborto.

El 18 de diciembre Carla volvió a España con su padre a pasar la Navidad en familia, y yo decidí quedarme un mes más explorando otras zonas de Costa Rica. Pasé la Nochebuena y la Navidad de 2021 en un Retiro de Silencio en Pachamama, una comunidad en Nosara fundada por Tyohar, un discípulo de OSHO. Sin móvil, sin libros para leer, sin libreta para escribir y sin ningún tipo de contacto con nadie. El retiro terminó en Fin de Año con una fiesta en el río, una enorme fogata, un viaje a través de la luz y la oscuridad gracias a la música del DJ Tyohar y algunas plantas medicinales. Una fiesta en la que sin duda se abrió para mí un Portal a una Nueva Conciencia, a una nueva dimensión, nuevas capacidades psíquicas y un nuevo camino.

El 5 de enero debía salir de Pachamama, el 15 volaba de regreso a España y el 3 aún no sabía qué iba a hacer entre medias. Una de las grandes lecciones que la vida me ha enseñado en estos últimos meses es vivir un día a la vez, confiando en que en cada momento se revele la información que necesito recibir para dar el siguiente paso. Cada vez que la mente quiere apresurarse a tomar decisiones para las cuales aún no tengo la información necesaria, dudo, me estreso y me agobio. Y esas sensaciones me recuerdan que por ese camino no es, y entonces respiro, vuelvo al aquí y ahora y recuerdo que ya estoy completa, que no me falta nada, que aquí y ahora dispongo de todo lo que necesito para sentirme abundante, me cuente la mente la milonga que me cuente.

El día 4 de enero me levanté, muy presente y confiada, y fui a desayunar al restaurante de la comunidad (por primera vez, porque generalmente no desayunaba o lo hacía en la habitación). Me senté con unos americanos que había conocido dos días antes y que en ese momento estaban buscando la manera de regresar al día siguiente al Caribe (a 14 horas en coche de Pachamama, con pésimas conexiones de transportes). Les conté mi situación y me propusieron alojamiento en el Caribe hasta el día 15 si los llevaba en coche hasta allí. Inmediatamente capté la señal: Dios me llevaba de nuevo a la otra punta del país. El día 5, a las 7 de la mañana, salimos de Nosara rumbo a Puerto Viejo de Talamanca, en Limón.

Me sentía tan bien en ese lugar que se me ocurrió buscar opciones de alojamiento para una larga temporada. No quería quedarme en el Pacífico y la opción de regresar a España me abrumaba demasiado. En ese momento no era tan consciente de cómo, según iba cerrando asuntos del pasado, mis guías me iban acercando a lo nuevo. A través de Airbnb conocí a una familia peruana maravillosa con dos hijos algo mayores que Carla, y me mostraron unas cabañas que tenían disponibles para alquiler en la calle de al lado al terreno salvaje que un mes y medio me había mostrado Javier, y también me hablaron de la casa de Esteban.

Estaban era un amigo suyo de toda la vida, por el cual ellos habían dejado a su familia y sus empresas en Perú y se habían venido a vivir a Costa Rica. Era Tico pero había vivido y estudiado en España, deportista, aventurero y muy loco, según me lo describieron. Un vividor que, a pesar de tener un problema de corazón desde nacimiento, había elegido viajar y exprimir su vida al máximo. Esteban había construido su casa en el terreno de al lado del de los peruanos, pero nunca llegó a vivir en ella porque el 15 de febrero de 2021, a sus 34 años, no salió de una de sus operaciones de corazón.

¿34 años? Mi edad en ese momento. ¿Deportista? Como yo ¿Vividor? Como yo ¿En España? Como yo. Lo interpreté como señales y les pedí que por favor me enseñaran esa casa.

Nada más entrar en el terreno mi corazón empezó a latir fortísimo. La casa estaba abandonada y aún así era preciosa, toda de madera de buenísima calidad, con electrodomésticos sin estrenar, muy espaciosa y llena de luz. 300m2, 3 habitaciones y más de 700m2 de terreno disponible para construir. No tenía ni idea de cuánto pedían los padres de Esteban por ella, pero sí sabía que era la casa de mis sueños. Algo me dijo que Esteban y yo nos conocíamos de otras vidas, y que habíamos acordado que él nos construyera esa casa para nosotras antes de morir.

Los días siguientes apenas podía dormir pensando en la casa. Era el espacio donde mi alma podía expandirse y construir un hogar, una familia. No tenía liquidez inmediata pero sí solvencia, y le lancé un órdago a su familia de alquiler con opción a compra. Aceptaron. El 15 de enero volví a España tal y como tenía planeado, llené mis maletas de sartenes y sábanas, y... ¿saben qué?, el 15 de febrero de 2022, exactamente un año después de la muerte de Esteban, entramos a vivir en la casa, a la que pusimos el nombre de D'Love Lab.

¿Y por qué te cuento toda esta historia para hablar de una Nueva Humanidad? Primero, porque en la Nueva Humanidad no hay secretos ni tabúes. Esta soy yo, tal cual me estás sintiendo al leerme. No tengo nada que esconder, porque no siento ningún juicio, culpa ni vergüenza por nada de lo que he vivido hasta ahora. Comprendo que era parte del proceso que tenía que vivir, aún no sé muy bien para qué, y tampoco necesito saberlo. No pretendo caerte bien, y mucho menos que me percibas diferente a ti. Al final, aunque todos vivamos realidades y circunstancias diferentes, todos podemos experimentar los mismos sentimientos, en mayor o menor intensidad.

También te cuento mi vida es porque quiero mostrarte con ejemplos reales algunas cualidades de la Nueva Humanidad, que no habita en un lugar diferente sino en una nueva dimensión de la conciencia. Por Gracia Divina (consecuencia de nuestro firme compromiso con recordar el Amor que somos), cada vez somos más los que la experimentamos a diario. Aquí en la Tierra y ahora, en 2022.

La Nueva Humanidad que habita la Tierra es una sociedad rendida a las sincronías, a la magia, a los milagros. Tiene la capacidad y la conciencia de conectar todos los puntos, como decía Steve Jobs, de ir uniendo las piezas del puzzle. Sabe que todo lo que sucede, absolutamente todo, forma parte del Plan Divino y tiene un propósito evolutivo, que puede que algún día comprendamos o puede que no. Por tanto, no juzga las situaciones, no opina, no se resiste, no se apega, no lucha, no interfiere.

La Nueva Humanidad se deja llevar, suelta lo que se debe ir y recibe con alegría lo que va llegando. Muere y se transforma tantas veces como sea necesario, comprendiendo que cada destrucción es la metamorfosis necesaria para la nueva creación.

La Nueva Humanidad disfruta de cada Presente y confía en que en cada momento tendrá la información necesaria para ir gestionando y resolviendo los retos y desafíos que la vida le brinde, en los que siempre verá oportunidades de crecimiento y no problemas.

La Nueva Humanidad no tiene miedo al dolor, pues sabe que es pasajero, ni a la muerte, pues sabe que cuando llegue será porque Dios nos necesita en otro lugar.

Somos parte de la transformación social, económica, política, económica, tecnológica, ideológica, sanitaria y educativa que la Tierra está viviendo en este momento de la historia. Las generaciones que cohabitamos ahora en la Tierra somos el puente entre lo viejo y lo nuevo. Como individuos, como familias y como sociedad, nos está tocando vaciarnos de creencias, patrones y hábitos que venimos repitiendo desde hace siglos, cuando las circunstancias eran totalmente distintas a las de hoy. Muchos de los niños que están naciendo ahora ya son parte de la Nueva Humanidad, ya no vienen a limpiar miedos de sus antepasados sino a experimentar la vida con toda su gama de colores y servir a la construcción de un paraíso en la Tierra. Y los que sí, serán niños rebeldes, diferentes. Niños sabios que traen una nueva información en su genética, a los que sin duda debemos escuchar atentamente y respetar.

Desde que llegué al Caribe han pasado muchas cosas. Ya me avisaron la primera semana: el Caribe o te abraza o te escupe. Cuando me lo dijeron no lo entendía; cada día voy comprendiéndolo mejor y verificándolo por mí misma: gran parte de esta selva es primaria, es decir, está aquí desde que comenzó la vida en este planeta. Tiene la sabiduría de los miles de millones de soles y lunas que ha vivido desde entonces. Es verdadera, auténtica, creación directa de Dios. En ella habitan millones de especies, cada una con su propia sabiduría e información. Todo lo que no es esencial, al llegar aquí desaparece. Los velos del ego empiezan a disolverse, y la ilusión del control, la comodidad y la seguridad se caen. Si no quieres que te muerda una serpiente, te pique un escorpión o te caiga un tronco de árbol en el tejado de tu casa, debes estar alerta, despierto, atento, presente. Y aún así, si te tiene que pasar, no importa cuánto te protejas o te cuides... te pasará.

Hace cosa de un mes recibí un regalo para el alma que la mente clasificaría como horrible. Estaba bañándome y buceando tranquilamente con Carla en la playa cuando una corriente marina nos absorbió. Con una mano agarré fuerte a Carla, con la otra intentaba nadar hacia la orilla. No hacía pie y las olas eran cada vez más fuertes, por lo que ambas estábamos tragando mucha agua. Carla me agarraba fuerte del cuello mientras me gritaba "¡Mamá, sálvame!". Rápidamente, me di cuenta de que estábamos metidas en un lío y empecé a gritar pidiendo auxilio. Nadie me escuchaba ni nos veía. No sé cuánto tiempo pasó, pero se me hizo eterno. Pensé en su padre, en mis padres, en mi hermana. Les pedí perdón y sentí su dolor si ambas nos íbamos de este plano en ese momento. Estaba agotada y en pánico absoluto. Por más que nadaba con todas mis fuerzas, todas mis fuerzas eran nada ante la fuerza de la naturaleza. Cada vez estábamos más lejos de la orilla, y por tanto cada vez eran menores las probabilidades de que alguien nos escuchara. Ambas nos quitamos las máscaras de snorkel desesperadas y las tiramos al mar. Si nadie nos ayudaba a salir de allí no tardaría mucho en quedarme sin energía para sujetar a mi hija, y mucho menos para nadar. De repente, mi parte Divina tomó las riendas de la situación. Respiré profundo, miré al cielo y le dije a Dios: "Padre, si tú consideras que hoy debe ser nuestro último día en la Tierra, llévanos. Si aún podemos aprender y aportar algo aquí, ayúdanos a salir del mar. Yo no puedo".

En ese momento toqué tierra y sentí que una energía sobrenatural me recorrió desde la cabeza hasta los dedos de los pies, con los que me agarré a la arena. Caminé fortísimo hasta que logré salir a la orilla, temblando y por supuesto sin energía para verbalizar una sola palabra. Solté a Carla y me tumbé, exhausta, mientras ella me zarandeaba para que reaccionara. Tardé un buen rato en volver a mi cuerpo, en recuperar mi energía, en respirar de forma constante. Le había visto los ojos a la muerte muy cerquita y había podido comprobar lo frágil que es la vida. Carla no se movía de mi lado. Nunca sabré si tuvo consciencia de lo que acababa de pasar, pero sin duda su cuerpo registró el pánico que ambas sentimos en esos minutos, debatiéndonos entre la vida y la muerte. Todo el mundo seguía tan tranquilo en la playa, nadie se había enterado de nada.

Una hora más tarde vi a un chico de unos 28 años flotando cerca de la orilla, ahogado en esa misma corriente. La playa entera comenzó a gritar pidiendo ayuda, y mi instinto me hizo levantarme y salir corriendo a hacerle una reanimación cardiopulmonar, a ver si conseguía salvarlo. Vomitaba espuma y tenía espasmos. Ni yo ni la Cruz Roja lo logramos. Una hora más tarde la policía lo declaró muerto. Claramente, Dios nos acababa de dar otra oportunidad.

Los días siguientes a esa experiencia me sentía extrañamente tranquila, aunque mi cuerpo seguía tenso, totalmente poseído por el miedo. De repente, le tenía miedo a la bicicleta, a la noche, a la selva. Al mar no podía ni verlo. Ese día me quité la máscara que me quedaba de una Ana que ya no existía, me despedí de mi hija y me desapegué de mi cuerpo. Con los meses he ido comprendiendo cómo ese día la conciencia que hasta entonces había movido el cuerpo de Ana salió, y una nueva conciencia entró a hacer uso de mi cuerpo. Podría decirse que ese día el personaje de Ana murió, y una conciencia diferente o un fractal diferente de la misma conciencia, pasó a dirigir mi cuerpo.

Ese día comprendí que estaré aquí el Tiempo que Dios me requiera, desempeñando las funciones que Él requiera de mi. Ese día solté por completo el control de mi vida, me desapegué de mi cuerpo y el de mi hija, y me rendí a la Voluntad Divina. Ese día nuestro marcador empezó de cero, y el partido cambió por completo.

Desde ese día veo a Dios en todas partes y a todas horas. En la cara del vecino que viene feliz a invitarme a una barbacoa. En los ojos de mi hija, en los emails que recibo, los post que publico, las personas que nos ayudan en casa, los camareros que me atienden en los restaurantes, los clientes que nos contratan. Veo a Dios en el limpiaparabrisas roto del coche viejo de ayer, en la profesora de Carla, en la risa contagiosa de mi hermana, en la mariposa que acaba de pasar por mi ventana. En el padre de mi hija, en los hombres que con mi consentimiento utilizaron mi cuerpo para liberar su frustración, en mis nuevas relaciones. Cada vez que hago el amor y también cada vez que tengo un desacuerdo con alguien. En el saldo de mi cuenta corriente, en el precio de mis servicios, en la sanción que debo pagar a Hacienda. En mi madre extremadamente amorosa que se preocupa y sufre porque estamos lejos, en mi padre entregado, generoso y divertido que continuamente propone planes a los demás porque no le gusta la soledad. En las actividades que organizo que finalmente no salen y en las que surgen sin planificar. En la hija de mi amiga con parálisis cerebral, en la corriente marina que nos mostró los ojos de la muerte, en las empresas que cerré y la casa en la que vivo. En la pandemia, en la guerra de Ucrania, la violencia de género y el cambio climático.

Lo veo en las personas que aún sufren las consecuencias de vivir con una máscara, en aquellas que ya se la quitaron y en los que están en proceso de quitársela. Lo veo cuando cocino recetas saludables para los que me rodean, y en los platos de mi abuela. En los veganos y los carnívoros, en la verdura ecológica y en el azúcar. Lo veo en cada conversación con amigos y familiares, en la cerveza que brindo con mi padre, en los influencers, los funcionarios, los empresarios, los empleados, los vagabundos y los políticos.

Lo veo a todas horas, en todas partes, y por supuesto también en mí.

Escribiendo este libro, transmitiéndote esta información.

Construyendo una Nueva Humanidad en la Tierra a través del ejemplo de miles de almas que ya despertamos a la Verdad, y de otras millones que están despertando.

Una Nueva Humanidad que se rige por las leyes del Amor y la Libertad, no del miedo.

Una Nueva Humanidad con pilares de respeto, tolerancia, cooperación, solidaridad, humildad y paciencia.

Una Nueva Humanidad en la que todos somos igualmente responsables.

Una Nueva Humanidad en la que no hay secretos, tabúes ni mentiras.

Una Nueva Humanidad en la que no hay deseos ni preferencias, apegos ni expectativas. Todo son experiencias que se revelan segundo a segundo como oportunidades para aprender y disfrutar.

Una Nueva Humanidad con un quinto cerebro, el de la intuición, la sensibilidad y la conexión con la Fuente Creadora.

Una Nueva Humanidad de la que todos somos co-creadores (y los que no, por una causa u otra, se están marchando).

Una Nueva Humanidad que cuida la Tierra, su casa, y respeta a todos los seres que habitan en ella.

Esta Nueva Humanidad es lo que estamos creando entre todos los que durante este periodo de transición nos llamamos "gente despierta, gente consciente". Gente luminosa, dice el Arrebato. Cada uno en un rincón del Planeta, a distintos ritmos y con distintos guías y maestros, pero todos conectados a un mismo propósito de salir de la ilusión del ego, elevar nuestra frecuencia vibratoria y alcanzar la liberación de nuestro espíritu, que es en el único lugar donde se puede experimentar la felicidad y la plenitud que todos andamos buscando.

Ahí vamos recorriendo nuestro propio camino, avanzando hacia la luz que en esencia somos, mientras compartimos nuestros aprendizajes e inspiramos a otros. Algunos resonarán con nuestro mensaje y nos escucharán durante un tiempo (hasta que escuchen la voz de su propia alma y guías), otros encontrarán otras frecuencias con las que se sentirán más identificados. No importa qué carretera hayamos tomado, lo importante es que cada vez somos más los que estamos llegando al único destino, y no hay retorno hacia la ignorancia y la inconsciencia.

¿Cómo construimos una Nueva Humanidad cuando las únicas referencias que conocemos son las de la Vieja Humanidad, una humanidad poseída por el miedo y manipulada por los que creen tener poder sobre los demás? Ese es el gran misterio de la vida. Estamos siendo guiados hacia ello, pero primero necesitamos resetear nuestras mentes. Borrar toda la información que traemos de serie, vaciarnos de cualquier creencia y expectativa, para desde ahí escuchar las voces de nuestro corazón, sintonizadas a la frecuencia del Amor que mueve el Universo y que sabe cómo construir una civilización más evolucionada aquí en la Tierra.

No es casualidad que en la última década se haya puesto de moda el coaching y la espiritualidad, que cada vez haya más terapeutas, más sanadores, más gente dedicada a ayudar a los demás. No son casualidad las "tragedias" que han sucedido en el Planeta en los últimos años, que nos han puesto a todos entre la espada y la pared, haciéndonos replantearnos nuestras vidas por completo.

La Tierra ha elevado su frecuencia vibratoria y esto nos ha obligado a todos los Seres que habitamos en ella a hacer lo mismo. Después de años de destrucción y muerte, de guerras, desastres naturales, pandemia y violencia, vienen tiempos de construcción de nuevos modelos familiares, económicos, políticos, religiosos, tecnológicos, educativos y sanitarios en los que convivir con más armonía, equilibrio y felicidad.

1.2

DE LA IGNORANCIA A LA SABIDURÍA

Como esencia divina, somos seres creadores. Para sentirnos plenos, necesitamos estar creando continuamente. Nuevos proyectos o nuevas formas de realizar los mismos proyectos. Nuevas relaciones o nuevas formas de relacionarnos con la gente de siempre. Nuevas experiencias, viajes, actividades y estímulos. No hay una creación definitiva, terminada, pues cada creación es sólo un puente hacia la siguiente, una hoja de un cuaderno infinito. Lo que puede parecer el final de una etapa o construcción es también el comienzo de la siguiente, del mismo modo que el parto es el final del embarazo y el principio de una nueva vida humana. Con cada creación desarrollamos actitudes y aptitudes que sin duda nos servirán para las próximas creaciones. En cada proceso de construcción cometemos errores que sin duda nos proporcionarán más y más sabiduría para los siguientes.

En su libro *El poder contra la fuerza*, David Hawkins nos explica la diferencia entre los dos posibles motores de cualquier creación. El Poder es desde donde se actúa en la Nueva Humanidad, y conlleva paz. La fuerza es desde donde se opera en la Vieja Humanidad, e inevitablemente implica sufrimiento. El poder es puro amor; la fuerza, puro miedo.

El primero es orquestado por el Ser, la Conciencia o Yo Superior en cada uno de nosotros. El segundo opera a través del ego condicionado por la cultura en la que crecimos y los traumas no liberados de nuestros ancestros.

En las decisiones que tomamos desde nuestro centro de poder hay seguridad y confianza, aunque no certidumbre. Generalmente no sabemos por qué hacemos lo que hacemos ni cuál será el resultado, pero sentimos la certeza en nuestros pasos, confiamos en nuestra capacidad para gestionar lo que sea que suceda y sentimos que lo que pasa es siempre lo mejor que nos puede pasar. Sabemos que estamos en el lugar donde debemos estar, con quien debemos estar y haciendo lo que nos corresponde hacer. Generalmente sentimos que son decisiones impulsadas desde el corazón, a menudo difíciles de justificar racionalmente *(y por tanto difíciles de entender por aquellos que pretenden entender el misterio que es la vida).*

Cuando creamos desde la conciencia no hay ninguna expectativa de resultado, no hay objetivo ni interés más allá del disfrute que proporciona el acto de estar creando. Hay incertidumbre absoluta y a la vez certeza de estar siendo un canal para una nueva creación. No es el ego el que toma las decisiones de los pasos a seguir, sino nuestra parte Divina la que recibe las instrucciones a seguir a través de señales e intuiciones. No hay prisa ni presión, no hay ansiedad ni preocupación. Cuando algo sucede, independientemente de que la mente lo clasifique como bueno o malo, positivo o negativo, hay paz y gratitud.

En las decisiones que tomamos desde el ego sentimos inseguridad, miedo, dudas e incomodidad. Hay expectativas sobre el resultado y, por tanto, una falsa sensación de controlar la situación. Control que nos produce tensión y presión, manifestada como contracción y dolor en el cuerpo físico. Control para tratar de evitar por todos los medios que el resultado de la decisión sea distinto a lo esperado o, lo que es lo mismo, "equivocarnos" o "fracasar". Hay miedo a que mi control sobre la vida no funcione e inevitablemente tenga que sentir las emociones de las que quiero huir, las cuales no me siento preparado para asumir.

Hay una meta u objetivo que alcanzar y a menudo los resultados son distintos a los esperados. Si se llega a alcanzar el objetivo, el ego siente una sensación de euforia o alegría como recompensa del esfuerzo. Se cuelga la medalla de "*qué crack soy*" o "*qué bien lo he hecho*". Si no se alcanza, el ego siente frustración y tristeza, entre otras emociones, y se cuelga la medalla de "*inútil, incapaz o inferior*".

Ambos polos de la dualidad son efímeros, pues el ego inmediatamente querrá algo nuevo y se fijará un nuevo objetivo, que al conseguirlo (o no) volverá a traer la sensación de logro/euforia o fracaso/frustración. Y así infinitamente, fijando objetivos cada vez más ambiciosos que le provocarán cada vez más presión, más exigencia y más tensión. Tanto si el objetivo resulta según la expectativa del ego como si no, ambos resultados son perfectos y necesarios para el proceso evolutivo del alma, pero al ego le generan algún tipo de perturbación. En ningún caso se siente paz, dicha y plenitud.

Cuando tratamos al cuerpo con ignorancia, nuestros órganos van perdiendo energía vital y llegamos a enfermar. Cuando tratamos a los demás con ignorancia, las relaciones terminan violenta y dolorosamente. Cuando trabajamos desde la ignorancia, experimentamos pérdidas económicas o profunda insatisfacción. Cuando mantenemos relaciones sexuales desde la ignorancia, la sensación de vacío posterior es inevitable. Si pudiéramos controlar lo que surge desde la fuerza, no habría fuerza en nadie, nunca. Sin embargo, la fuerza tiene precisamente la potencia de la oscuridad para emerger hasta convertirse en poder. Los resultados provocados por la ignorancia son el único camino posible hacia la sabiduría. Sólo experimentando y verificando los resultados de nuestras acciones podemos darnos cuenta de las consecuencias de los mismos y cambiar nuestra vibración. Y aquí está el termómetro: un "buen" gesto, como puede ser ayudar a alguien, generado desde una energía de miedo, como puede ser la inferioridad o la soledad, no transmite amor. Cuando estamos nutridos por el amor de Dios, no es posible un "mal" gesto o una "mala" respuesta.

Una sociedad motivada por la ignorancia del ego es una sociedad compuesta de niños en cuerpos adultos. Personas inmaduras emocionalmente tomando decisiones, actuando y relacionándonos desde nuestras heridas y vacíos, desde nuestras necesidades insatisfechas, desde nuestra falsa percepción de carencia. Buscando desesperadamente ese trabajo, esa pareja, ese dulce, ese cigarro o ese viaje que nos anestesie la ansiedad que nos produce vivir desconectados del Ser que guía cada uno de nuestros pasos, de nuestra propia energía, del trocito de Dios que cada uno somos. Y buscamos y buscamos fuera, hasta que nos damos cuenta de que no hay nada ni nadie que pueda liberarnos de nuestra propia ignorancia.

Y ahí comenzamos un fabuloso camino, una travesía de vuelta a casa, al Amor. Una batalla contra la propia mente, que hemos creído ser nosotros. Un proceso de metamorfosis, un desnudarse y entregarse por completo al Poder que no controla nada pero que lo dirige todo.

El juego del ego es muy divertido cuando se observa desde el Ser y una tortura cuando eres preso de él. Al desconectarnos de nuestra parte divina o, lo que es lo mismo, al funcionar desde el ego, pensamos que somos nosotros -o los otros- los que hacemos o deshacemos, construimos o destruimos, creamos, conseguimos, damos, recibimos, ganamos o perdemos. Frases como "*he compuesto una canción*", "*he conseguido un nuevo cliente*", "*he operado a un paciente con éxito*" o "*he organizado un viaje*", nos parecen totalmente ciertas. Dejamos de percibir el amor que nos rodea y el amor desde el que nace cualquier gesto en cualquiera de nosotros. *El ego/mente jamás se sentirá merecedor de ese amor tan puro y se inventará la justificación perfecta para que no le penetre el corazón/alma.*

Cuando le abrimos la puerta a Dios y reconocemos al Gran Espíritu creando a través de nosotros, tenemos la certeza de que todo lo que está sucediendo (o no) proviene del Amor, que se expresa a través de nuestras manos, nuestras acciones y nuestras palabras (y por supuesto de las de los demás). Los demás lo perciben, y se sienten inspirados por esa luz resplandeciente que es el Ser en acción. *El amor siempre le pondrá la mejilla izquierda al ego, que le golpeó la derecha tantas veces como fuera necesario hasta que acariciara lo que antes golpeaba.*

Basta con que nos apeguemos y nos identifiquemos con algo de lo que a través de nosotros se ha materializado, para que lleguen las tormentas, sacudidas y tortazos. Dios se encargará de desmontar nuestro Lego para despertarnos de nuevo de la ilusión del ego, permitirnos soltar, traernos de vuelta al instante presente y recordarnos que nos distrajimos de lo único y verdaderamente importante: el amor, que solo se puede sentir aquí y ahora.

Cuántos más habitantes de la Tierra recorramos esa travesía de regreso al origen y nos rindamos a ser movidos por el Ser Creador en vez de la ignorancia del ego, las fuerzas oscuras o el inconsciente, más cerca estaremos de saborear los deliciosos manjares de una Nueva Humanidad. Dormiremos tranquilos, con las puertas de nuestros hogares abiertas, y la vida será una celebración constante y eterna.

1.3

DEL DESEQUILIBRIO AL EQUILIBRIO

El Gran Espíritu, Dios, el Ser Superior o el Amor, como cada uno prefiera llamarlo, es una fuente de energía infinita. Segundo a segundo y desde tiempos remotos lleva creando experiencias a través de y para la expansión y evolución de cada uno de los Seres manifestados y no manifestados que Él mismo ha diseñado. Su imaginación es inagotable, su ingenio inigualable, sus recursos infinitos. Es imposible saber cómo va a ir desarrollando su Obra, y por tanto, desvelar su misterio. Cada día es una pieza de información del gran puzzle que es la vida, regida por una única Ley, la misma en todos los espacios del Universo: la del Amor.

Montañas, rocas, océanos, plantas, animales, personas. Bacterias, virus, hongos. El sol, la luna y los demás incontables astros del Cosmos. Todo cuanto vemos en la naturaleza (y lo que no también) ha sido creado y manifestado por el Gran Artista a través de la interacción de dos energías: Yin-Yang. Por supuesto el ser humano también. En su justo equilibrio, la unión de lo femenino y lo masculino favorecen la vida (como bien representan la fusión del óvulo y el espermatozoide). En desequilibrio, la destruyen.

A los seres humanos Dios nos permite construir desde la ignorancia del ego para que aprendamos, pero no nos permite ni nos permitirá jamás romper el perfecto orden y equilibrio Universal. Nos presta un pincel para que juguemos y disfrutemos pintando, pero se asegura de que nuestra experimentación esté en armonía con la Ley del Amor. Y cuando no, nos lo quita. Nos corta los recursos económicos, rompe nuestra conexión energética con determinadas personas, nos merma la salud o incluso nos corta el suministro de oxígeno. Para protegernos, igual que un padre le quita a su hijo un cuchillo de las manos cuando puede cortarse.

Bajo el desequilibrio en el uso de la energía masculina, actuamos en exceso o en defecto. Hacemos y hacemos (o no), sin pararnos a reflexionar por qué y para qué lo hacemos. Sin sentir si lo que hacemos es lo que verdaderamente nuestro corazón desea hacer. Vamos muy rápido (o muy lentos) y pasamos por cada presente con la sensación de prisa, de exceso de obligaciones, de presión y carga (o de completa pausa, pereza y aburrimiento).

Provocamos que sucedan muchas cosas (o que no suceda nada) en el mundo de la forma, en la superficie, pero no nos paramos a revisar lo que sucede en el fondo, en lo profundo de nosotros. Copiamos las acciones de los demás e imitamos lo que a otros les ha funcionado, sin plantearnos si es lo que verdaderamente nosotros queremos manifestar. No nos cuestionamos desde dónde actuamos (o no actuamos), cuál es la intención detrás de cada una de nuestras acciones (o inacciones). Bajo los desequilibrios de la energía masculina, la culpa nos persigue.

Bajo el desequilibrio en el uso de la energía femenina, sentimos en exceso o en defecto. O bien nos adentramos en las profundidades de la emoción y bloqueamos el neocortex, el cerebro que nos diferencia de las especies menos evolucionadas o bien bloqueamos nuestra capacidad de sentir y expresar lo que sentimos. Perdemos la perspectiva del océano por quedarnos encima de una ola. Dejamos de servir a los demás por estar enfocados en nuestra propia marea interna. Imaginamos y reflexionamos, mas no producimos y, por tanto, no materializamos nuestras creaciones y no construimos nada de lo que otros puedan beneficiarse o disfrutar. Estamos dispersos y soñamos con volar sin raíces ni alas.

Ambos desequilibrios proceden del karma, del inconsciente, de las sombras de esta Vieja Humanidad. Esa fuerza superior e incomprensible que nos trae al perfecto cuerpo, en la perfecta familia, el perfecto punto geográfico del planeta y el perfecto momento. Al hacerlos conscientes y llevar nuestra intención hacia encontrar el equilibrio en nuestra propia energía, estamos contribuyendo a la liberación del karma como colectivo, a la conciencia global y a la luz, y el Universo entero lo celebra. Cuando un ser humano vuelve a su centro de equilibrio y encuentra la coherencia entre la creación y la manifestación, se produce un matrimonio interno, el encendido de la llama trina, el verdadero Amor que dará lugar a uno o cientos de hijos, de proyectos, de creaciones en perfecto equilibrio y armonía. Y así, poco a poco, uno a uno, es como vamos construyendo una Nueva Humanidad bajo la única Ley verdadera, la Ley del Amor.

Los habitantes de esta Nueva Humanidad manejan ambas energías en equilibrio, siguiendo simplemente los impulsos de su corazón, conectado a la Fuente que proporciona y gestiona ambas energías en su justa medida. Sienten cuándo es momento de parar, descansar, recibir, reflexionar y nutrirse, y cuándo es momento de accionar, ejecutar, materializar y dar. Hay presencia total y, por tanto, amor. Como no hay miedo, no hay fuerza, exigencia ni agotamiento, sino todo lo contrario. Hay cada vez más inspiración, más amor y más servicio para ofrecer al mundo.

Esto que te cuento no nací sabiéndolo. Para aprenderlo he tenido que sufrir las consecuencias de crear una vida desde la ignorancia del ego y los desequilibrios de la energía durante mis primeros 30 años, sin duda por asuntos kármicos que acordé equilibrar en esta encarnación. ¿Cómo lo sé? Porque en su momento se me proporcionó la motivación, las oportunidades y las herramientas para emprender cada uno de los proyectos personales y profesionales que emprendí, y solo por eso pude hacerlos. Se me permitió llevarlos a cabo para que yo misma aprendiera de mis errores, por eso no hay culpa ni arrepentimiento, sino gratitud.

La maternidad fue un punto de inflexión en mi vida. La Ana de antes de ser madre construyó mucho desde un nivel de ignorancia y un desbalance de la energía masculina acorde al sistema en el que había sido educada: "compite por ser alguien de éxito. Haz mucho para conseguir mucho, y así serás feliz".

Tenía grandes expectativas en cada una de sus acciones y decisiones, y enfocaba una enorme cantidad de energía y tiempo a provocar que sucedieran. A veces disfrutaba lo que hacía, pero eran más los días que lo hacía por inercia, "porque tocaba". Porque el deseo de alcanzar el éxito y construir "algo grande" era mucho mayor que su pereza y su confianza en la vida, que nos sostiene y nos lleva por su alfombra roja sin esfuerzo alguno.

Esa Ana estaba completamente identificada en su personaje 3 de Eneagrama: buscaba fama, éxito, dinero y reconocimiento por encima de todo lo demás. Le preocupaba en exceso su imagen, pues creía que esa era la percepción que los demás tenían de ella. Era tremendamente eficiente, pragmática, arrogante, prepotente y narcisista. A menudo, agresiva e irrespetuosa, pues pensaba que agrediendo conseguiría más rápido lo que quería. En su absoluta inconsciencia, no le importaba decir o vender algo incoherente con su sentir, porque no sabía que era incoherente, porque no identificaba sus sentimientos. Ana grabó en su infancia que valía en función de lo que hacía, que el amor y la aceptación de los demás dependía de lo bien que hacía las cosas, y por tanto su hacer era desmesurado y descontrolado. Hacer por el mero hecho de no sentir los miedos provocados por la inacción. Hacer para demostrar cuánto era capaz de conseguir, cuán exitosa era.

Ana había aprendido a construir sus relaciones en base a un interés, y tenía una meta muy clara: ganarse un círculo de amigos premium, estar cerca de gente "inaccesible" para la mayoría a la que sólo se podía acceder "siendo alguien".

Ana quería llegar a ser alguien "importante" para sentarse en una mesa junto a Mark Zuckerberg. Alguien que tuviera cosas interesantes que contar por haber conseguido grandes hazañas, haber construido grandes castillos. Quería ser de los suyos, salir en los periódicos, en la portada de Forbes, en la lista de las 100 mujeres más influyentes del Planeta. Esa era su meta, y toda su vida giraba en torno a ella. No le importaba las personas de las que tenía que abusar o utilizar para alcanzarla. No le interesaba disfrutar del camino, solo alcanzar el objetivo. Exceso de ejercicio y dietas, exceso de horas de ordenador, exceso de formación y cursos, exceso de exigencias. Mucha falta de descanso, arte y silencio.

Ana no tenía idea de cuán lejos estaba el poder de eso y lo imposible que sería llegar a sentirse poderosa desde una identidad falsa, que es la que se encargaba de construir el sistema educativo de la Vieja Humanidad.

Esa minoría verdaderamente influyente y poderosa a los que la mayoría percibimos como genios brillantes son verdad (y no hablo de Donald Trump, Putin o los Rockefeller, sino de Elon Musk, Will Smith, Jim Carrey, Gandhi, Facundo Cabral, Barack Obama, Tony Robbins, David Hawkins, Michael Singer y Steve Jobs, entre otros muchos). Y son verdad porque llevan muchos años trabajando en disolver cualquier ápice de apariencia y falsedad a su alrededor. Se han desecho (no sin atravesar el dolor correspondiente) de todas las relaciones falsas en su vida. De todo aquello que hacían sin pasión, sin disfrute, sin ilusión. Han atravesado momentos difíciles, muy difíciles. Momentos de carencia, de dudas, de miedos, de inseguridades, de soledad. Han superado enfermedades, accidentes, quiebras.

Han perseverado en su firme propósito de construir una verdad sólida e inquebrantable en torno a ellos. Lo que despierta su admiración no son sus logros sino su esencia amorosa y entregada, auténtica, generosa y apasionada, que es el lugar desde el que han construido su vida, a base de paciencia, constancia, compromiso y dedicación. Son líderes, maestros. Son la pura expresión de Dios actuando a través de ellos. No hay máscaras ni apariencias, no hay mentiras, secretos ni límites. Son creadores y manifestadores, son ideas y acción, energía pura enfocada en un propósito, en una intención. No dispersan su energía ni pierden su tiempo con charlatanerías, tratando de convencer a nadie o vendiendo una imagen. Ejecutan, actúan, resuelven, organizan, analizan y definen. También reflexionan, crean, comparten, disfrutan y celebran. Son concisos, concretos y claros. No tratan de agradar a nadie y por tanto no envuelven los mensajes en palabras bonitas. Son humildes, respetuosos y directos.

La Nueva Humanidad está llena de personas así, de iguales, hermanos, genios, sabios, brillantes. De hecho, en la Nueva Humanidad todos somos eso, porque todos nos reconocemos instrumentos de Dios, pinceles y colores diferentes y complementarios, creando una única obra de arte: la mismísima vida.

Los habitantes de la Vieja Humanidad tenemos aún un ego demasiado fuerte y a la vez muy frágil. Aún percibimos el mundo como una ofensa personal, aún nos sentimos víctimas de las circunstancias, diferentes y separados de los demás. Aún competimos, tememos, desconfiamos. Aún necesitamos protegernos, hacer daño y hacernos daño para despertar a la conciencia que habita la Nueva Humanidad. No sentimos que merecemos disfrutar de este paraíso que es la Tierra, ser libres y rodearnos de sabios, ya que no queremos asumir el riesgo de sentirnos lastimados por alguna de sus verdades.

Cuando el ego se va disolviendo y vamos madurando emocional y espiritualmente, nos damos cuenta de que no solamente somos lo mismo que esas personas a las que admiramos, sino que estamos unidos y conectados a la misma Fuente de información que nos va guiando a todos en la creación de esta Nueva Humanidad. Que ese es el proceso que todos, tarde o temprano, realizaremos. De adentro hacia afuera. Bases sólidas de amor, confianza, humildad, solidaridad, compasión, cuidado y respeto por todo cuanto existe, para que el rascacielos que construyamos sobre ese terreno esté a prueba de huracanes, terremotos, virus e incendios.

La consecuencia de todas las decisiones que Ana tomó desde la fuerza fue la destrucción inevitable de todo cuanto había construido en sus primeros 30 años de vida: la separación del padre de su hija de 2 años, una profunda quiebra económica y una enorme sensación de soledad e impotencia. Sentía que desde algún lugar mucho más poderoso que su propia mente habían puesto una barrera en la carretera que estaba siguiendo, un obstáculo enorme que le obligaba a detenerse, dar media vuelta y encontrar una nueva ruta.

Afortunadamente, le bloquearon ese camino, porque estaba cada día más lejos del amor, es decir, de la felicidad. Afortunadamente, la agarraron del pescuezo, le cortaron el cable que le proporcionaba la energía para actuar desde la fuerza y le bloquearon todos sus talentos por una buena temporada. Ana no tuvo más remedio que detenerse y confiar en que todo lo que estaba pasando tenía un propósito que quizás algún día comprendería.

Al principio el ego se resistía y buscaba desesperadamente formas de salir de esa situación y no sentir toda esa culpa, esa frustración, esa vergüenza y ese miedo que estaba sintiendo, pero no tenía ni la creatividad, ni la motivación, ni los recursos para hacerlo. Quería encontrar una nueva pareja que llenara todos sus vacíos y calmara su dolor, y una fuente de ingresos rápida que cancelara todas sus deudas. Literalmente, no podía hacer nada. No controlaba nada, no encontraba ninguna solución, ninguna respuesta, ninguna compañía que la aliviara.

En ese tiempo llegó a su vida Ana Mulero con la sabiduría de la Nutrición Energética, y *La Autobiografía de un Yogui* de Yogananda. Ana se inició en Kriya Yoga con Shaktiananda y empezó a practicarlo a diario. Mientras sus amigos y amigas seguían creciendo profesional y económicamente, ella meditaba, cocinaba, leía, regaba las plantas, veía el atardecer, paseaba por el campo y jugaba con su hija por las tardes. Así día tras otro, durante algo más de un año.

Aunque los días parecían repetirse en el mundo de la forma, en su mundo interno algo iba cambiando poco a poco: su grado de aceptación de la situación. Su ego se iba relajando, suavizando, tranquilizando, calmando. Dejaron de perturbarle las llamadas del banco, dejó de tenerle miedo a no tener con qué darle de comer a su hija y dejó de frustrarse por haber fracasado en su meta. Dejó de resistirse al proceso que estaba viviendo y llegó a sentir gratitud por las circunstancias, por las personas que se habían alejado de ella y las que se estaban acercando cuando según ella "no era nadie". Llegó a sentirse feliz si su vida tenía que ser así de simple, austera y sencilla para siempre, aceptando que había una posibilidad de que jamás fuese la mujer de éxito a la que tanto se había aferrado, si así el Ser lo consideraba. Lo más productivo que tenía que hacer era leer cinco veces seguidas el mismo cuento a su hija, y llegó a disfrutar de eso.

Cuanto más aumentaba su aceptación de esa nueva realidad y disfrutaba de ese espacio de mínima acción y máximo cuidado (y autocuidado), más luz veía. Nada de lo que su ego deseaba llegaba porque afortunadamente el Ser no le iba a permitir volver a construir una vida desde el mismo nivel de ignorancia. Ana no tuvo más remedio que desapegarse de sus deseos, aislarse en el campo compartiendo una casa con una familia para pagar lo mínimo de alquiler, pidiendo ayuda económica a sus padres, recibiendo donaciones de amigos y eliminando cualquier tipo de capricho. Meditaba todos los días, se sentaba en silencio a observar sus pensamientos y pedir ayuda a Dios. Por primera vez en su vida se sentía impotente, incapaz de salir de ese agujero sin la ayuda del Ser Creador que la trajo a la Tierra. Dejó de pensar que era ella la que creaba y lograba, y comprendió que había algo mucho más poderoso que ella creando (y destruyendo) a través de ella. Finalmente, se rindió.

Las oportunidades empezaron a llegar. Poco a poco el Ser proveyó de los recursos para saldar todas sus deudas y empezar de cero. Desde un lugar completamente nuevo, desde una Nueva Conciencia. Hoy sé que no ha pasado nada grave. La vida me estaba dando un tiempo y un espacio mientras mi antiguo personaje moría, mientras mi águila se desplumaba y se arrancaba las garras de un personaje falso que no podía servir a la construcción de una Nueva Humanidad con cimientos de amor, solidaridad y verdad.

La muerte de esa Ana fue tan dolorosa como necesaria para el nacimiento de Ama, una nueva versión del personaje con el que me muevo en esta Tierra, mucho más puro y auténtico. Ama tiene mucho que ver con esa conciencia que el día del "ahogamiento" pasó a dirigir mi cuerpo/mente, ambas ahora herramientas al servicio de esta luz cristalina que es mi cuerpo espiritual. Con el tiempo he ido entendiendo que ese día se despertó mi Ser de Luz, un fractal de mi misma en una dimensión más elevada que se identifica como Ama y cuyo origen no es terrestre.

Aún estoy conociéndola y no sé si algún día llegaré a conocerla por completo, pues piensa, actúa, habla, come y siente completamente diferente a Ana. Ama está más atenta, más presente y desidentificada de ese nuevo personaje que interactúa en la sociedad. Ella ama mucho más libre y más puro, a su familia, sobre todo. Percibe la energía de las personas y los lugares, canaliza mensajes y/o recuerda información de otros lugares del Universo, atrae conexiones magnéticas, experimenta sueños premonitorios y lúcidos, viajes astrales y conexión con seres de otras civilizaciones. Ama quiere seguir haciendo y consiguiendo, pero ahora con la intención de servir en la misión de recordar a la humanidad el amor que somos y aprender, sin expectativas y mucho menos apego a ellas.

Ama no busca el éxito porque ha recordado su misión, el para qué de su existencia en este momento de la evolución en este Planeta. Un éxito que no se mide por el patrimonio neto sino por el nivel de paz mental y el equilibrio emocional, por la capacidad de ser feliz en cualquier circunstancia. No hay ansia, prisa ni ambición, sino humildad, y disposición para adquirir cada día más sabiduría con la que contribuir a la construcción de una Nueva Humanidad.

Ana es la representación de las construcciones de la Vieja Humanidad, impulsadas desde el miedo, la comparación y la envidia. Ama trae la frescura, el amor, la libertad, la alegría y el equilibrio de la Nueva Humanidad.

Todavía a veces me distraigo, mi campo electromagnético se debilita, la mente entra en juego y aparecen patrones de Ana (que no son de Ana sino de un inconsciente colectivo de oscuridad). Programas muy profundos en el inconsciente de separación, preocupación o miedo que me mantienen unos minutos en el dolor de la densidad hasta que la luz de Ama los disuelve con su sabiduría, compasión y amor infinito.

El programa de miedo a no ser aceptada por ser diferente, a perder la amistad, a la soledad, al juicio de mi familia. El programa de copiar ideas, procesos, mensajes y estrategias. De querer lo que otros quieren, de buscar lo que otros encuentran. De vacío y de carencia.

Hasta que Ama me recuerda que la infinita creatividad de Dios no necesita modelos estándar, patrones duplicables. No hay nada que automatizar ni sistematizar. No hay plan, estrategia, meta o proceso que vaya a darnos la paz que desesperadamente andamos buscando. No hay dinero que vaya a callar el ruido de nuestras mentes, no hay pareja que vaya a descender con nosotros a nuestras tinieblas.

Ama sabe que la única manera de sentirse libre es conquistando la verdad de su alma, liberándose de toda cárcel mental, caminando de la mano del Creador y permitiendo que su infinita inspiración inunde cada segundo de su existencia. Alejarse de cualquier distracción, empezando por las redes sociales. El instagram y el WhatsApp son herramientas maravillosas que pueden servir muchísimo en la construcción de esta Nueva Humanidad, pero antes de eso todos debemos encontrarnos con Dios en nuestra propia soledad y silencio. No pretendamos construir lo nuevo siendo lo viejo. No queramos llenar un vaso que está lleno. No intentemos mostrar un estilo de vida que no tenemos. Dios no tiene identidad, y podría tenerlas todas. No tiene seguidores, y es el Padre de los Artistas e Influencers.

Ama no siente que esta información sea suya, que este sea su libro, aunque sean sus manos las que lo escriben. Este mensaje debe expandirse por la Tierra, porque esa Nueva Humanidad de la que aquí hablamos ya existe. Actualmente está cohabitando con la Vieja Humanidad, conciencias de inferior frecuencia, pero pronto serán la nueva civilización de este Planeta. A todos nos están preparando para ello, está sucediendo de una forma muy sutil, casi sin darnos cuenta. Las personas que ya estamos siendo guiadas por esta nueva conciencia lo sabemos. Entre nosotros nos reconocemos, nos sentimos familia. Hablamos el mismo idioma, jugamos el mismo partido, co-creamos espacios de celebración y aprendizaje. No necesitamos hablar ni estar cerca para sentirnos conectados.

Miles de personas ya son ejemplo, maestros e inspiración de alguno de los aspectos de esta Nueva Humanidad: nuevos sistemas económicos, nuevos modelos empresariales, nuevos conceptos de pareja y familia, nuevos programas educativos, nuevas estructuras políticas. Algunos siguen demasiado dormidos para darse cuenta. Están hipnotizados, pero en algún momento despertarán del sueño en el que andan abducidos por las fuerzas oscuras.

Lo único que hay que hacer para que la oscuridad de una habitación desaparezca es encender la luz. Lo único que hay que hacer para que la oscuridad de este Planeta desaparezca es encender nuestra propia luz.

No hay vacuna ni desarrollo tecnológico que pueda privarnos de nuestra libertad, que es inherente a nuestro ser espiritual, ese del que la Vieja Humanidad anda desconectada. La única ley es el Amor, y es Universal, no entiende de fronteras, aduanas ni idiomas: da siempre lo mejor de ti, no pienses, digas ni hagas nada que no te gustaría que pensaran, dijeran o te hicieran a ti. Tan simple, tan antiguo. Millones de años de evolución para integrar este mensaje. Ama, y punto.

No hay psicólogo, coach ni terapeuta que vaya a liberarte del dolor enquistado en tu corazón. No hay técnica, planta, aroma ni comida que vaya a evitarte el proceso de metamorfosis que debes atravesar para vaciar tu mente de la información y tu corazón de las emociones que llevas años bloqueando. Cuánto antes tomes esa decisión que tanto pánico te da tomar, antes llegarás al destino que vas, a tu propia liberación. El ego siente presión, se aferra y se cuenta la película de que necesita tiempo. ¿Más tiempo?, ¿para qué? ¿Para seguir sintiendo el dolor de la separación de ti mismo que sientes hoy, cada día más intensamente?

"Dios te creó sin ti pero no te salvará sin ti", dice San Agustín de Ipona. Para salvarte de tu propia mente, de la ilusión de estar separado de Él/Ella, de tu ignorancia y tus impulsos, Dios necesita de tu voluntad y tu firme determinación de avanzar en ese camino, soltando todo lo que no es amoroso, primero hacia ti mismo. Y el amor nunca, nunca, duele.

Cuando el ego quiere hacer las cosas para que se vean bonitas y tengan un impacto en los demás, resultan complicadas y cuestan trabajo. Cuando es el ego el que quiere hacer un espectáculo, un cuadro o una receta, inevitablemente busca algo a cambio, aunque sea un halago. Cuando construimos desde la ignorancia pensamos y hacemos las cosas, planificamos para que salga de una forma determinada, controlamos el contexto, no confiamos en la perfección del Plan Divino.

Cuando somos eso que hacemos, cuando la acción está completamente alineada con lo que el Ser necesita manifestar a través de nosotros en ese momento, todo fluye sin pensarlo, sin esfuerzo, organización, premeditación ni cansancio. No cómo nosotros queríamos que fluyera (porque no queríamos nada en concreto), sino cómo debe suceder para que todos los involucrados vean una parte de sí que necesitan reconocer.

No tengo ni idea de las horas que llevo escribiendo, ni me interesa contarlas. Escribo mientras sienta la inspiración para hacerlo. Igual que cocino mientras siento la inspiración de cocinar, llamo a mi madre cuando siento la inspiración de llamarla, descanso cuando siento la inspiración de descansar, hago ejercicio cuando siento la inspiración de mover mi energía y juego con mi hija cuando siento la inspiración de divertirme. Soy movida por cada inspiración, porque estoy viva y respiro cada segundo. Cada respiro me trae una nueva energía, una nueva información, que me lleva a un nuevo lugar.

No dediqué ni un segundo a pensar en lo que iba a decir en la entrevista para el podcast que me hicieron esta mañana. Ya no me preparo ninguna sesión, ninguna conferencia, ningún taller. Este libro nunca fue planeado, pensado ni estructurado. Aún hoy no sé cómo se va a llamar, cómo terminará, si se terminará o si se publicará. Nada de eso es importante aquí y ahora, en este preciso instante en el que ando permitiendo que mis manos tecleen mientras escucho la orquesta de los miles de animales que habitan esta selva caribeña.

Si lo pensara de antemano, no sería Dios creándolo espontáneamente como parte de su misterio desvelándose cada segundo; sería la mente ignorante buscando un resultado específico. Y el problema no es que lo haga la mente ignorante (Ana), es que luego me creo que soy Yo (Ama) la que sufro cuando el resultado no es el que Ana había imaginado o deseado. Si lo crea la mente ignorante, sufre la mente ignorante. Tú, quien verdaderamente eres tú, está intacto, inalterado, imperturbable.

Soy humana y puedo observar cómo el ego aún quiere hacerse cargo de la situación con frecuencia, creer que maneja el barco, dejarse llevar por energías de baja frecuencia como la comparación, la envidia, la tristeza, el miedo, la rabia, la frustración, la prisa, los celos. También soy Divina, y veo como todo eso que siento es parte de un programa de creencias de esta Vieja Humanidad que necesita ser disuelto cuanto antes. Al sentirlo y verlo lo libero y creo más y más espacio en mi corazón para amarlo todo y a todos. También a la ignorancia de los egos que aún habitan en la Vieja Humanidad.

1.4

DEL CONTROL A LA RENDICIÓN

Febrero de 2020 fue uno de los peores meses de mi vida. Días después de separarme del papá de mi hija, sin dinero para pagar sola el alquiler del piso en el que vivíamos y con una niña de dos años y medio que me demandaba mucha atención, yo estaba emocionalmente colapsada. Recuerdo que en medio de mi llanto y confusión, con el corazón lleno de dolor, me arrodillé y dije:

– "Padre, estoy lista para vivir lo que sea que tenga que experimentar para liberarme de la ilusión del ego. Confío en la Vida, confío en Tu Plan y confío en mí como parte de él. Mi única intención es acercarme cada día más al Amor que Yo Soy, del que vengo, a Ti. Mi compromiso con el camino de la Verdad es firme. Me rindo. Hágase en mí tu Voluntad".

En ese momento no era consciente, pero con esa frase y esa emoción le di permiso al Universo para que destruyera todos los velos de la ilusión y me abriera la puerta al Ser espiritual que soy y somos. A esa energía que hoy está usando mis manos para escribir este libro. Con esa sentencia le di los mandos de mi vida a Dios, quien me está permitiendo navegar por el río de la creatividad, el amor y la abundancia infinita.

Abandonar la conciencia de la Vieja Humanidad que ha estado habitándonos durante toda nuestra historia para permitir que una nueva conciencia entre a guiar nuestros pasos al servicio del Plan

Divino requiere aprender a surfear las olas de la vida y soltar el deseo de controlar el mar y sus corrientes o, lo que es lo mismo, rendirse por completo. Entregar cada pensamiento, cada deseo, cada opinión, cada necesidad y cada emoción a la Fuente de la que procede, sin identificarse con ella, sin dejarse perturbar por ella.

El mayor salto se da cuando definitivamente el ego deja de querer entender y controlar (y por tanto juzgar) sobre la vida y todo lo que en ella sucede, y se sienta en el asiento del observador, de la pura conciencia, del Ser. Como explica David Hawkins en su libro *Trascender los niveles de conciencia*, pasar del nivel de la razón al nivel del amor y el amor incondicional. Del "Yo creo mi realidad" a "Soy un instrumento al servicio del Plan Divino en la Tierra".

Creer que eres tú quien crea tu realidad implica un gran riesgo que puede reforzar tu ego en vez de disolverlo, sobre todo cuando aún no has recordado quién verdaderamente eres Tú (como energía y no como personalidad). Cuando lo recuerdas, esa frase deja de tener sentido, porque ya sabes que Tú eres un fractal del Amor y que es ese amor el motor creador que te mueve allá donde debes estar en cada momento. Es ese amor el que te proporciona los recursos y las relaciones que necesitas en cada momento, quien crea las experiencias que como alma necesitas transitar para acercarte cada día más y más a Él, Dios, el Amor.

Hay olas de subida, días en los que todo encaja, recibes una noticia "agradable" tras otra, todo fluye según lo previsto y ves sincronías por todas partes. Días en los que tu nivel de energía está por las nubes y tu creatividad se desborda, en los que te apetece arreglarte, quedar con gente, moverte. Días en los que ni siquiera te acuerdas de comer, no te falta nada, no te sobra nada, tu sol interno brilla con mucha intensidad, y todos los que te rodean se sienten contagiados por esa luz radiante. Todo es perfecto tal y como es. Estos días son un regalo que llega a ti por Gracia Divina, para que experimentes cómo es la vida en la Nueva Humanidad, donde la ilusión del ego se ha desvanecido y el Amor teje todos los hilos.

Otros días, sin embargo, son olas de bajada, de negatividad, agotamiento y pesimismo. Días en los que el ego se hace fuerte y piensa que todo está bloqueado y paralizado, que los procesos avanzan más despacio de lo que le gustaría. Quisiera que su situación laboral cambiara, que su pareja fuera diferente, tener más dinero, más amigos o más tiempo. Días nublados, grises, densos, pesados, oscuros. Días -que a veces son horas y otras veces semanas o meses- en los que hay que hacer un gran esfuerzo para ver la perfección del Universo, y de ti como parte de él.

Tanto las olas de subida como las de bajada son necesarias para encontrar el equilibrio en el centro mientras andamos identificados con las polaridades del ego; son olas que si aprendemos a surfear nos van redirigiendo por el río de la vida hasta llegar al vasto océano que es el Ser, donde lo único que podemos hacer es fascinarnos con los misterios de sus aguas.

En los días de subida, el ego puede creerse poseedor o generador de los resultados "positivos" muy fácilmente. Empieza a entusiasmarse, emocionarse, apegarse a ese estado. Presta atención: no es tu ignorante mente humana la que ha creado eso, es la Gracia Divina actuando a través de ti.

En los días de bajada, el ego puede hacerte sentir pequeño, inferior, inseguro, enfadado, triste, solo, incómodo. Presta atención: es la ignorante mente humana la que está interpretando un acontecimiento específico como algo negativo, y ese juicio te perturba. Dios tiene planes maravillosos para ti, sólo te está preparando para que puedas abrirte a sentir su amor y recibir sus milagros.

La clave está en no aferrarte a ninguna de las olas. Cuando te sientas radiante y expandido, disfruta y agradece. Cuando te sientas apagado y contraído, disfruta y agradece. Ambas olas van a pasar y ambas olas te están aportando la información que en ese momento necesitas integrar para llegar al nuevo lugar al que la vida te está redirigiendo. Paciencia, confianza y presencia.

Eso es la rendición y el significado real de la expresión "Todo es perfecto". No tiene nada que ver con dejar de hacer, con la irresponsabilidad, la pereza, la vagueza o la apatía. Rendirse requiere entregarse a la energía tal y como es en cada momento, responder a la propia inercia del Universo, ser paciente, dejarse llevar por sus señales, sus oportunidades y sus mensajes. Rendirse implica soltar el control por completo de lo que sucede en tu vida, dejar de tener metas y objetivos y, en definitiva, expandir las alas del ser espiritual que eres. Planificar con toda la flexibilidad, sabiendo que en última instancia es Dios –que conoce la visión, misión y valores para los que te diseñó– quien maneja tu agenda. Mirar al futuro con ojos de confianza y al pasado con ojos de gratitud por los aprendizajes en vez de preocupación o culpa. Se necesita una altísima dosis de valentía y presencia para ello, además de mucha atención y unas raíces bien profundas en el mundo material.

Soltar el control sin responsabilidad ni raíces puede traer consecuencias incómodas o diferentes a las esperadas, provocadas por un exceso de aire (ideas, creatividad) y/o agua (emociones, drama, victimismo), o una falta de tierra (materizalización, ejecución) o fuego (impulso accionador). Estas también serán perfectas en el proceso de aprendizaje: en el término medio está la virtud.

El Plan Divino existe y tú eres parte de él. Antes de venir acordaste una serie de aprendizajes y de misiones para tu propia evolución y la evolución de la especie, acorde a la evolución de la Tierra. Forzando experiencias y relaciones podemos retrasar estos aprendizajes, mas nunca evadirlos.

Forzar significa poner demasiada energía –en forma de pensamientos, tiempo o dinero– en que algo suceda cuando tu cuerpo y los obstáculos del camino te indican que no es por ahí, que no es esa persona, ese trabajo, ese proyecto o ese lugar. Forzamos cuando tenemos tantas expectativas y tanto deseo de que algo ocurra que buscamos y buscamos la manera de hacerlo ocurrir, insistiendo en arreglar los recurrentes conflictos, haciendo caso omiso a la energía de muerte o desconexión, o invirtiendo demasiados recursos en algo que no genera un retorno equilibrado.

Cuando forzamos una situación o una relación nuestro cuerpo se contrae, nuestro sistema de chakras se bloquea, y con el tiempo nos enfermamos. Al forzar nos cegamos, vemos una realidad que no existe o mas bien forzamos porque estamos ciegos al mundo de la energía. Al no meditar ni tener tiempos de autoescucha y reflexión, no percibimos la energía que recorre nuestro cuerpo físico, que es la que trae la información del camino a seguir con certeza y seguridad.

Tu parte divina sabe cuáles son todas las áreas de tu vida que no están alineadas con lo que Tú como conciencia has venido a experimentar, y aún así te permite que transites esa desconexión hasta que atravieses el miedo a soltar y permitas que la vida te recoloque en el lugar que sí debes estar, con las personas que sí te corresponden para tu próxima evolución, aportando y contribuyendo allá donde se te requiera.

Para rendirnos completamente al Plan Divino sólo es necesario un requisito: atravesar el miedo que nos aleja del Amor, es decir, del momento presente. Sólo los habitantes de la Nueva Conciencia, desidentificados de su personaje y conscientes de su Ser espiritual, pueden observar la ilusión del miedo y transitarla con paciencia, confianza y compasión.

"Recuerda que soy yo quien te lleva, no tú quien vas".

1.5

DE LA ESCLAVITUD A LA LIBERTAD

Aunque aparentemente la abolición definitiva de la esclavitud se produjo en 1848, hoy en día seguimos siendo esclavos, o lo que es lo mismo, no libres. Hace dos siglos que dejamos de ser propiedad de alguien, pero aún seguimos siendo dependientes de algo, y somos dependientes porque somos adictos. A "nuestros" pensamientos, "nuestras" relaciones, "nuestra" casa, "nuestra" familia, "nuestro" trabajo, "nuestro" gobierno, "nuestro" sistema, a "nuestra" propia historia. Y somos adictos desde que los consideramos "nuestros", nuestra propiedad. Desde que identificamos lo que somos con lo que hacemos y lo que tenemos.

Adictos a todo aquello que creemos necesitar para sentirnos "bien". A lo que recurrimos para evitar sensaciones incómodas, para tapar emociones desagradables, para no sentir energías densas bloqueadas en el cuerpo que buscan ser liberadas.

Mientras nos mantenemos dormidos o desconectados de la Fuente creadora, nos sentimos diferentes y separados de todo lo que nos rodea. Al sentirnos separados, sabemos que nos falta algo para completarnos, que pertenecemos a algo más grande a lo que anhelamos volver a unirnos. Algo que es un trocito del Gran Espíritu, que se fragmentó en numerosas almas gemelas, una de las cuales encarnó en nuestro cuerpo físico. Una uva que se separó del racimo en el que nació, que a su vez se separó de la parra o vid de la que procede.

Ese "algo más grande" que sentimos que nos falta es precisamente lo que nos pasamos la vida buscando. Lo buscamos en la comida, en el sexo, el dinero, los medicamentos, el tabaco, el alcohol, el deporte, las drogas, los videojuegos, las pantallas, el trabajo, los amigos, la compañía, los gestos de cariño, las palabras de valoración y reconocimiento, la opinión de los demás, etc. Nos llenamos la agenda de ocupaciones y planes, de experiencias variadas, de conversaciones y encuentros, de cursos y libros, a ver si en alguno de ellos pudiera encontrarlo. "Sé que cuando lo encuentre me sentiré tranquilo, aliviado, seguro, en paz. Me sentiré enchufado, conectado a la corriente eléctrica que da vida a mi cuerpo - mente, al Ser espiritual que en verdad Yo Soy, comprendiendo la conexión entre mi existencia y la de todos los demás".

A menudo experimentamos tanto que olvidamos el propósito de esa experimentación. ¿Encontrar el qué? Ese trocito de mi, que es el Amor que me creó. Que más que un encontrar, es un recordar.

Es muchísimo más fácil mantener la adicción en el tiempo que sentir el dolor que me provoca liberarme de ella ahora. De algún modo, preferimos dosificar todo ese dolor en días que sentirlo todo de golpe, con toda su intensidad. Dolor que ni siquiera es nuestro, que heredamos de nuestros ancestros. Dolor en forma de ansiedad, tristeza, rabia, culpa o miedo. En forma de nudo en la garganta, presión en el pecho, jaquecas, gastritis, contracturas... o incluso cáncer.

Durante mucho tiempo fui adicta a la comida, el sexo, el dinero y las mentiras. En todos ellos buscaba desesperadamente el amor que no podía sentir en mi corazón. Lo buscaba en el dulce, en los abrazos de los hombres, en los orgasmos, en un trabajo "importante" y en los ingresos que me generaba. En el "estatus social", el reconocimiento, la admiración y la validación. Por supuesto fracasé en mi búsqueda, pues por más que lo intenté, en ninguno lo encontré.

En ninguna de mis relaciones me sentí amada, no importa cuánto me lo expresaran.
En ninguno de mis trabajos me sentí realizada, no importa cuánto ganara.
Tras ninguna comida me sentí satisfecha, no importa cuánto comiera.
Tras ninguna mentira me sentía reconocida y admirada.
Siempre quedaba un vacío que ni comerme las uñas podía saciar.

Ser esclavo es necesario en una parte del proceso evolutivo. No podemos dejar de serlo sin previamente experimentarlo. No elegimos nosotros dejar de serlo. La libertad es una consecuencia del despertar espiritual, y el despertar espiritual la consecuencia del compromiso con encontrar la verdad que subyace a cada adicción.

La verdad es silenciosa, invisible, incomible e intocable. La verdad es el Amor: solo puede ser entregado y recibido por corazones abiertos. ¿Abiertos a qué? A sentir el dolor que produce la separación, la esclavitud de las adicciones.

El miedo (futuro) o la culpa (pasado) que nos produce la ansiedad (futuro) o la carga (pasado) que nos mantiene tomando medicamentos, comiendo procesados, fumando, trabajando en desequilibrio o manteniendo relaciones sexuales que lejos de nutrirnos, nos vacían. La dificultad para apreciar la perfección del Plan Divino, con sus variados ritmos y procesos.

Todos nos liberaremos, pues ese es el propósito de nuestra existencia humana. Del sufrimiento de la mente, de la esclavitud. Cada uno en su debido momento, de forma espontánea y natural, fácil y fluida. Cuando hayamos completado todos los campos de experimentación que nuestra alma requiere, purificado nuestro karma, recordado nuestra naturaleza, activado las 12 hélices de nuestro ADN. Cuando sea el Perfecto Tiempo Divino.

Aceptemos nuestras adicciones, hermanos. Miremos de frente a nuestras carencias, reconozcámoslas públicamente. Sin avergonzarnos por ellas, sin miedo al juicio de los demás. Admitamos que tenemos pánico, que estamos rotos, que nos sentimos solos, que nos equivocamos. Expresemos la verdad de nuestro corazón a medida que podamos ir descubriéndola y recojamos el regalo de disolver las envolturas a las que estamos enganchados.

Quien esté libre de pecado, que tire la primera piedra.

1.6

DEL NIÑO AL HOMBRE

Un paso fundamental que como sociedad debemos dar para que este salto se produzca es la integración del arquetipo del hombre y la mujer, el abuelo y la abuela. Aunque pueda parecerte extraño, el planeta está lleno de niños en cuerpos de adultos. Adultos que han sido criados y guiados por niños en cuerpos de adultos. Adultos que no han aprendido a hacerse cargo de su vida, de sus emociones, de su familia y su situación económica. Adultos que no saben gestionar los retos que la vida le pone por delante, que no saben transformar los problemas en oportunidades de crecimiento y aprendizaje.

Para que una Nueva Humanidad se establezca y todos podamos beneficiarnos de ella es imprescindible que todos y cada uno de nosotros aprendamos a liderar nuestra vida, a ser responsables de todo cuanto en ella sucede y a cuidar de nuestro entorno. Que desarrollemos la resiliencia, esa habilidad de detenernos ante un conflicto, apartarnos o distanciarnos de él, respirar, reflexionar y decidir cuál es la forma más amorosa de afrontarlo.

Que cultivemos el silencio interior y la capacidad de observar nuestros pensamientos.
Que meditemos nuestros actos antes de llevarlos a cabo.
Que veamos a los demás como equipo y no como rivales.

Que asumamos y aceptemos nuestros errores y perdonemos los de los demás.
Que desarrollemos la humildad, la paciencia y la empatía.
Que tratemos a nuestros ancestros con respeto y compasión.
Que dejemos de buscar la aprobación, la validación y el reconocimiento en los demás.
Que eliminemos la necesidad de llevar la razón y decir la última palabra.
Que busquemos dentro la respuesta a todas nuestras preguntas y la solución a todos nuestros problemas.
Que abramos el pecho y atravesemos cualquier situación con determinación y seguridad.
Que confiemos en que siempre tenemos y tendremos los recursos y la sabiduría para gestionar las experiencias que la vida nos pone por delante.
Que agradezcamos cada día por todo lo que tenemos y dejemos de quejarnos por lo que nos falta.
Que permitamos que sea Dios quien actúa a través de nuestro cuerpo/mente.
Que escuchemos a nuestros hermanos para aprender de otras versiones de Dios y no para juzgar la diversidad de Su obra.
Que aceptemos que somos obras en proceso y progreso, y no piezas concluidas. Que lo que termina es solo el principio de lo que comienza.

Puedes preparar un ritual como un acto de psicomagia con una música que represente conquista, logro y poder para ti, y repetirlo tantas veces como sea necesario hasta que este arquetipo se integre en ti. En él, atraviesas físicamente una línea del espacio que representa el tránsito del niño que fuiste al adulto que hoy eres.

En un lado de esta línea puedes sentir la frustración, la inseguridad, la incapacidad, la dependencia, la soledad y los deseos del niño que fuiste. También la alegría y la dulzura, la inocencia con la que pedías ayuda, la ilusión por aprender, las ganas de crecer, la valentía con la que afrontabas nuevos desafíos sin miedo a equivocarte o caerte, la autenticidad con la que te expresabas, la creatividad con la que inventabas juegos o historias, la curiosidad y la capacidad de sorprenderte por cualquier cosa. Siente todo eso con toda su intensidad. Cuando te sientas listo, da un salto al otro lado de la línea. Respira, abre pecho, írguete. Relaja tus músculos, semiflexiona tus rodillas para enraizarte. Respira de nuevo, hasta que te sientas poderoso y presente. Conecta con esa parte de ti que tiene acceso a todas las respuestas del Universo, porque es el Universo mismo. Esa parte inmortal, eterna y Una con todo y todos. Esa parte sabia, divina, dichosa y plena. Y desde ese lugar, expresa cómo es el hombre / la mujer adulta que habita en ti, con ese niño sano integrado. Manteniendo la alegría, la creatividad, la inocencia, la curiosidad y la ilusión, y soltando cualquier preocupación y apego al pasado.

Respira ahí, en esa paz que eres cuando te reconoces completo como un Ser (espiritual, divino) y Humano (material, ignorante).

1.7

DE LA TERCERA A LA QUINTA DIMENSIÓN

La construcción de esta Nueva Humanidad nace de una transformación en la conciencia, no en la forma. No se trata de destruir lo que ya existe (las ciudades, las estructuras, los sistemas, etc.), sino de percibirlo y hacer uso de ello desde otro lugar. Esta transformación consiste en elevar nuestra mirada de la tercera (física) a la quinta dimensión (espiritual). No es una transformación exterior sino interior, aunque el cambio interno en cada uno de nosotros inevitablemente provocará transformaciones externas. No son las modificaciones externas las que impulsan el cambio, sino las consecuencias del mismo.

La evolución nunca ha dejado de suceder en el Universo en los más de 13.500 millones de años desde que se produjera el Big Bang, desde hace más de 4.500 millones de años en el planeta Tierra y desde hace cerca de 3 millones de años del género Homo. Es un proceso gradual, progresivo, imparable e inevitable. La ciencia lleva siglos tratando de comprender y explicar este fenómeno, y aunque se ha avanzado mucho, siempre se mantendrá el componente de misterio que es la Creación Divina, y que ningún humano podrá desvelar jamás. A medida que el Universo se va expandiendo, los astros que forman parte de él van evolucionando, y viceversa: se expande el Universo porque evolucionan las conciencias que lo conforman. Entre los miles de millones de formas de conciencia que conforman el Universo manifestado y no manifestado estamos nosotros, el Homo Sapiens, la última de las 12 especies humanas que han habitado este planeta desde los australopitecos.

Si este proceso de constante evolución ha sido así desde el principio de los tiempos, ¿qué nos hace pensar que no seguirá sucediendo? ¿que el Homo Sapiens es la última especie humana en habitar este planeta? ¿que no es posible una raza más inteligente, más sabia y más feliz?

Con el apoyo de hermanos mayores, y a través de personas con su Ser de Luz ya despierto en todos los lugares del Planeta, una Nueva Humanidad se está gestando. Una raza con nuevas capacidades psíquicas y físicas gracias a la activación progresiva de las 12 hebras de ADN que componen nuestro cuerpo lumínico, ventanas a través de las cuales viaja la información de los fractales que somos en todas y cada una de las dimensiones en las que coexistimos.

Si nuestros chakras están abiertos (no hay negatividad bloqueándolos), girando en forma de espiral y conectados a las hebras de ADN a las que corresponden, toda la información de las dimensiones a las que cada una de ellas está conectada será legible para la antena receptora que es el cuerpo/mente. La 3D se corresponde con las tres primeras hebras de ADN activas, asociadas a los 3 chakras inferiores (supervivencia, seguridad, deseo, sexualidad, autoestima y confianza). Gracias al trabajo interno (y de ahí la suprema importancia de los procesos terapéuticos y las herramientas para limpiar los cuerpos físicos, mentales y emocionales) vamos purificando cada uno de nuestros chakras, activando nuevas hebras de ADN, elevando la energía y accediendo a la información y las capacidades de cada una de las dimensiones superiores.

¿Cambiará la Tierra? Ya se está viendo, cada día de una forma más evidente. No cambiará, está cambiando ya, aquí y ahora. La forma de conectarnos, de desplazarnos, de comunicarnos, de ocuparnos, de cuidarnos, de sostenernos, de nutrirnos y relacionarnos. Cambió la frecuencia Schumann, la Rejilla Solar y la Rejilla de nuestro planeta. La capa de oscuridad que cubría la Tierra ya ha desaparecido, y la Rejilla que nos envuelve y conecta con el Gran Sol Central es cada día más cristalina. Esto está produciendo un despertar masivo en la humanidad, una armonización de nuestro sistema interno con el Universo (y por tanto una liberación de todo lo que nos desarmoniza), una alineación total entre lo que decimos, hacemos, pensamos y sentimos y el recordar del Ser Cristal que siempre hemos sido en otras dimensiones a las que no podíamos acceder por la densidad de la oscuridad que nos envolvía.

¿Hacía dónde evolucionamos? Hacia el Amor Universal e incondicional.

¿Para qué? Para volver a unirnos en el origen en otro punto de la espiral, y volver a empezar.

¿Hasta cuándo? Hasta lo infinito que es Dios.

Si bien es cierto que se dice que todos tenemos un ancestro común de nuestra especie, que vivió hace entorno a 200.000 años, en psicogenealogía estudiamos cómo nuestro ADN y nuestros patrones de pensamiento y comportamiento actuales vienen condicionados por las experiencias de vida de nuestras 8 generaciones anteriores, o lo que es lo mismo, nuestros 256 ancestros directos. Personas que han ido ascendiendo dentro de los siete planos de la tercera dimensión, guiados y sometidos a las fuerzas oscuras como parte del proceso de experimentación y evolución de nuestra especie, aunque siendo capaces de percibir cada vez más y más aspectos de la realidad, comprendiendo y conectando cada vez más variables de la ecuación de este mundo físico. Nuestros ancestros no vivieron un salto dimensional en su conciencia, mas sí vivieron un desarrollo indiscutible dentro de la tercera dimensión, que les permitió mejorar sus condiciones materiales (desde la revolución agrícola hasta la tecnológica, pasando por las distintas revoluciones industriales).

Hoy en día, no sólo se está produciendo una nueva y pacífica revolución social, económica, política, educativa, sanitaria, tecnológica, religiosa y científica que nos permitirá elevar nuestra calidad de vida, sino que también se está produciendo un salto dimensional en las conciencias de los seres humanos que nos permitirá alcanzar niveles de bienestar y felicidad muchísimo mayores.

Un salto a un nuevo estado, una nueva frecuencia vibratoria, nuevos niveles de percepción. En cada dimensión se nos brinda una oportunidad diferente de darnos cuenta de lo que sucede. Por tanto, una misma realidad puede ser percibida de infinitas formas según la dimensión desde la que se observe, o dicho de otro modo, según la distancia entre el observador y el elemento observado.

Si enciendes una linterna en un cuarto oscuro a 30 cm. de la pared puedes ver un ángulo de luz mucho menor que si colocas una lámpara en el techo, ¿verdad? A menor distancia entre la luz y el elemento a iluminar, mayor foco y menor amplitud. Exactamente igual sucede con nuestra conciencia. En la tercera dimensión, la mirada es enfocada, y por tanto más cerrada. En la quinta dimensión la mirada es más abierta y global, y por ello es más fácil percibir las conexiones entre sucesos aparentemente aislados. Cuanto mayor es la dimensión desde la cuál se percibe el Universo, mayor es la comprensión de las conexiones entre todo lo creado, mayor es la percepción de la perfección del Universo y mayor es, por tanto, el Amor que se experimenta. Cuanto más elevada es la dimensión desde la cual se percibe el Universo, menor es el sufrimiento, la separación y la densidad. La tercera es la última dimensión física, a partir de la cuarta los cuerpos son cada vez más y más sutiles, etéreos y, por tanto, invisibles para el ojo humano de la tercera dimensión (el tercer ojo es el que nos permite acceder a estas dimensiones espirituales). Dios, el Absoluto, La Ley Universal del Amor, el Ser Supremo, la Fuente Nebadón o como cada uno decida, la visión total del Cosmos se tiene en la dimensión 36. Conforme vamos descendiendo, la perspectiva del Todo se va reduciendo y la visión se va limitando, hasta el punto que nos sentimos seres individuales separados (y lejos) de eso. Cuanto más elevada es la dimensión, mayor es su frecuencia vibratoria.

La primera y segunda dimensión son las de los minerales, piedras, animales y plantas.

La tercera dimensión es la conciencia de lo físico, lo material, lo que podemos percibir con los 5 sentidos: "Tengo frío", "me duele la cabeza", "está nublado", "la casa tiene 2 habitaciones", "estoy en la oficina", etc., etc. Estamos dormidos, no nos damos cuenta de la ilusión que es el mundo físico, nos identificamos totalmente con la materia sin reconocer la energía que da vida a esa materia. Cada suceso o acontecimiento nos parece aislado, producto de la "buena suerte"o "mala suerte". Percibimos el tiempo de forma lineal, recordamos el pasado y proyectamos el futuro. En la tercera dimensión se crea la ilusión de la separación, se fragmentan todas nuestras partes y no se tiene conciencia de la Unión.

En la cuarta dimensión habita el cuerpo astral, donde se alojan las emociones y deseos inconscientes. Los pensamientos, ideas o creatividad proceden de esta o cualquiera de las dimensiones superiores, dependiendo de la capacidad de nuestro cerebro de captar las ondas de información o, dicho de otro modo, de nuestro nivel de sabiduría. Desde nuestra primera inhalación al nacer hasta nuestra última exhalación, el cuerpo astral está unido al cuerpo físico a través del cordón de plata. Se reconoce también como aura o cuerpo emocional. No tiene forma física pero sí colores, asociados a los chakras, dependiendo de la pureza o densidad de nuestro campo electromagnético.

No todo lo que figura en el cuerpo astral se somatiza en el cuerpo físico, pero sí todo lo que se somatiza en el cuerpo físico figura en el cuerpo astral. Limpiando las manchas del astral se resuelve automáticamente el conflicto en el cuerpo físico. Limpiar el astral no es otra cosa que liberar la energía bloqueada en él, de ahí el éxito de la BioReprogramación, las constelaciones familiares y otras herramientas similares que trabajan en dimensiones superiores (y la limitación de la medicina convencional que se basa únicamente en eliminar los síntomas físicos).

A partir de la cuarta dimensión podemos percibir las conexiones entre el pasado y el presente, las sincronías, la ley de causa y efecto de nuestras acciones, y por tanto aprender, transformarnos y comprender la realidad con mayor profundidad. Al ser conscientes de nuestro cuerpo astral podemos identificar nuestras emociones y responsabilizarnos de ellas, así como empatizar con las de los demás. Observar nuestros pensamientos, reprogramarlos para vaciarnos de creencias obsoletas y salir de la ilusión de la individualidad. Es en la cuarta dimensión donde se alojan los sueños y el inconsciente colectivo.

Si bien todos tenemos un cuerpo espiritual, además del físico y el astral, no todos somos conscientes de ello (muchos aún no saben quienes realmente son, porque quienes realmente son está dormido-. Muchos aún creen que son un cuerpo físico y una personalidad, y el "yo" se identifica totalmente con ellos). Cada vez hay más personas que además de observar sus pensamientos y emociones (cuarta dimensión, 4D) son capaces de percibir los acontecimientos físicos (tercera dimensión, 3D) desde su cuerpo espiritual (quinta dimensión, 5D). Estas personas se dice que han despertado su Ser Crístico o Cristal, han recordado su origen estelar y, algunos de ellos, vidas anteriores. Se reconocen unidas a la Fuente creadora de la que proceden, al Amor. Al sentirse uno con Dios, o dicho de otro modo, un fractal de la infinita creación divina, viven cada instante presente rendidos al servicio de Su perfecto Plan, dejándose llevar por las instrucciones que reciben de Él a través de sus Guías u otras conciencias que les acompañan. Desde esta dimensión, vamos agudizando cada vez más nuestra intuición y desarrollando progresivament, a medida que se van activando las hebras de ADN superiores, la capacidad cerebral de canalizar o recibir mensajes de otros seres o de nosotros mismos en otras dimensiones más elevadas, de comunicarnos telepáticamente, de desplazarnos con nuestro cuerpo astral o espiritual, de mover objetos con la mente, de transformar la energía de los espacios, de sanar con las manos, de convertir el agua en vino, de materializar objetos y demás capacidades que nos mostró Jesucristo y hasta ahora parecían extraordinarias y sobrenaturales.

Cuanto más pura es la conexión con nuestro cuerpo espiritual, es decir, cuanto más nos acercamos a la 5D, mayor es el poder de manifestación porque más amorosa es la intención desde la que surge cada acción. A menor motivación egoica en cada pensamiento, cada acto y cada palabra, mayor contribución y servicio al colectivo y, por tanto, más apoyo recibimos del Universo. La intención de ser y expandir el amor que ya sabemos que somos allá donde vayamos se convierte en una flecha que va dirigiendo nuestra vida hacia la abundancia, la libertad y la paz interior.

Puedes reconocer a las personas que ya han despertado su Ser Cristal por el amor que brota de su mirada, que pueden sostenerte porque no tienen nada que ocultar. Su sola presencia sana, pues son la misma Presencia Divina, y es el amor que emanan lo que disuelve cualquier ilusión egoica. Son seres pacíficos, silenciosos, alegres, auténticos, generosos y coherentes. Te dirán lo que necesitas escuchar, no lo que quieres oír. Te molestarás con ellos, les gritarás y juzgarás, y ellos te sonreirán y te abrazarán con compasión.

Están en todos los rincones de la Tierra. Seguramente te has cruzado con varios, aunque posiblemente no has podido identificarlos. Ellos, desde la 5D desde la que miran el mundo físico, pueden percibir a sus hermanos de la tercera (y sentir sus cuerpos emocionales de la cuarta), más no al revés. Igual que la lámpara del techo te proporciona un ángulo de visión mayor que la linterna en la pared.

En todas las generaciones, desde el principio de los tiempos, existieron Seres de la 5D en la Tierra que nos han ido recordando el camino de vuelta a casa, al Padre, al Amor, a Dios. Seres "iluminados" como Buda o Jesucristo, la propia encarnación de la energía crística, del Amor. La única diferencia es que cada vez hay más, y aunque durante un periodo de tiempo conviviremos en el mismo tiempo y espacio con los "dormidos", tarde o temprano llegaremos a serlos todos.

Gaia, el nombre que se ha otorgado a la conciencia del planeta Tierra, está diseñada para albergar las primeras 7 de las 36 dimensiones del Universo. Ya experimentó el abuso, la destrucción y el sufrimiento característicos de las primeras 3 etapas del proceso evolutivo de ascensión de una conciencia, y está lista para albergar y sostener civilizaciones en la quinta dimensión, más respetuosas, amorosas y cuidadosas. Civilizaciones que rechacen los pesticidas y los químicos con la intención de cuidar su hogar-planeta y su hogar-cuerpo. Civilizaciones que no generen tanta basura, que no contaminen, que no destruyan la vida por dinero. Civilizaciones que convivan en armonía, sin guerras ni violencia. Civilizaciones con un cuerpo físico más sutil, más cristalino (conformado por átomos de silicio en vez de carbono, como veremos más adelante). Civilizaciones a las que se les proporcionará la información, las herramientas y los recursos necesarios para desarrollar avances tecnológicos que faciliten la Creación, en vez de destruirla. Civilizaciones formadas por seres con las 12 hélices de su ADN activo, conectados al resto de seres telepáticamente, honrando la medicina individual de cada uno de ellos en forma de dones y utilizándolos para disfrutar del paraíso que es este planeta.

Todos los seres que aún deben continuar su proceso evolutivo transitando los distintos planos de la 3D se están yendo de su cuerpo físico en este planeta, y podrían continuar su camino en otros planetas cuya vibración sea similar. Del mismo modo, planetas y estrellas que hasta ahora habían sido hogar para seres de la 5D, están listos para acoger la vida de dimensiones superiores. Con la constante evolución y expansión del Universo, todos los seres vamos adaptándonos a cada nueva etapa. El Universo es dinámico y está en continua evolución, aunque nunca antes la raza humana había podido experimentar un salto cuántico de la magnitud que estamos viviendo actualmente. Los niños que están naciendo ahora ya son niños cristal, completamente adaptados a esta nueva Tierra. Los adultos que estamos viviendo la metamorfosis de la ascensión somos afortunados y privilegiados, y así lo acordamos antes de venir.

No todas las dimensiones pueden coexistir en todos los Planetas. Es la frecuencia del propio Planeta como conciencia la que determina qué seres de qué dimensión lo habitan. En Planetas diseñados para albergar seres a partir de la sexta dimensión no podrían habitar seres de tercera, pues alteraría el orden establecido por la Ley Universal del Amor, aunque sí podría darse al revés. Los seres de las dimensiones más elevadas pueden acceder a cualquier lugar del Universo, pues no están condicionados por las limitaciones del espacio y el tiempo. De hecho, los seres de las dimensiones más elevadas son encargados de apoyar, dirigir, supervisar y acompañar los procesos de sus hermanos de dimensiones inferiores en distintos lugares del Universo, con el propósito de velar por el cumplimiento de la Ley Universal del

Amor. No pueden interferir en nuestros procesos, más sí guiarnos. Los conocemos como Confederación Galáctica, Comando Ashtar Shiran, Ángeles, Árcángeles, Metatrón...

Todas las conciencias procedemos originariamente de la misma Fuente de energía, de la dimensión 36. Todas bajamos hasta la primera después de la gran explosión, donde nos separamos de la Conciencia Suprema. Ahí comenzó nuestro proceso evolutivo como organismos en la 1D, para experimentarlas todas en el camino de vuelta al origen, como bien explica la parábola del hijo pródigo. En cada dimensión hay 7 planos, con distintas características y áreas de experimentación.

Todos somos seres multidimensionales, tanto en vertical como en horizontal. Por un lado, todos tenemos un fractal de nuestra conciencia, un cuerpo (físico o etéreo), en cada una de las dimensiones, que va experimentando en paralelo en cada instante presente (que es lo único que existe). De nuestros cuerpos en dimensiones superiores recibimos la información de sabiduría para ir avanzando en nuestro proceso evolutivo, a la vez que nuestro cuerpo físico está conformado por átomos y moléculas agrupados en órganos y conectados entre sí gracias a la conciencia de la 1 y 2D.

La oscuridad (y por tanto la carencia, la enfermedad, el miedo, etc.) no puede habitar en las dimensiones de pura luz. Es decir, sólo habita en lugares de hasta la 4D. El hecho de que el Planeta Tierra haya elevado su frecuencia está provocando que la oscuridad esté progresivamente, y gracias a la labor de los miles de seres de luz que estamos apoyando la expansión de la conciencia, perdiendo "la batalla". Los seres que aún necesitan transitar las experiencias de primera, segunda y tercera dimensión se trasladarán progresivamente a otros Planetas del Universo que aún son campos de experimentación para estas frecuencias. Los seres de dimensiones más elevadas podrán visitar estos planetas para apoyarlos y servirles en sus procesos evolutivos, igual que está siempre ha sucedido en la Tierra.

Como conciencias no solo experimentamos todas las dimensiones en paralelo desde distintos cuerpos de nosotros mismos, sino que también las experimentamos desde distintos lugares del Universo.

Es por eso que otros fractales de tu misma conciencia están en este momento experimentando en otros países de esta misma Tierra (lo que conocemos como almas gemelas- o incluso en otros Planetas), de ahí que tantas personas hablen de su origen y conexión con las Pléyades, Lemuria, la Atlántida, los Arcturianos, Sirianos, etc.

Y ahora que ya comprendes de qué se trata el proceso que estamos viviendo, cuál es el trabajo y la responsabilidad de cada uno de nosotros en este salto cuántico y a qué me refiero cuando hablo de la co-creación y construcción de Una Nueva Humanidad, estamos listos para describir, visualizar y sentir hacia adónde vamos. ¡Que lo disfrutes!

Parte 2

DE LA VIEJA A LA NUEVA HUMANIDAD

A continuación, voy a atreverme a describir mi visión de esta Nueva Humanidad, que no es sólo mía. Para escribirlo he investigado, he contrastado y me he entrevistado con otras personas que también han despertado su Ser Cristal, "expertas" en los distintos temas que a continuación expongo. Distintas piezas de un mismo puzle, distintos cables de un mismo circuito eléctrico. Cada uno de nosotros hablamos desde nuestra propia experiencia personal en esta Tierra, desde lo que recordamos de la vida en nuestros astros de origen y desde el acceso a la Biblioteca Universal que cada uno tenemos, donde reside toda la información del Universo que se requiere descargar en cada momento. Muchas de las descripciones y palabras que aquí uso no formaban parte de mi estructura mental ni mi vocabulario antes de escribir este libro, evidencia de que no proceden de la herramienta mental que procesa, analiza, compara, ordena, clasifica, prioriza y expone datos sino de la inspiración Divina.

Antes de eso, quiero advertirte algo. Si pretendes entender esta Nueva Humanidad con los ojos de la Vieja, no lo vas a lograr. Para aceptar esta nueva realidad como posible, cercana y accesible, debes primero desechar todas las creencias que dan estructura a tu vida, es decir, desarmar por completo las piezas de tu Lego. No van a destruirse pero sí transformarse, cambiar de forma.

Esta Nueva Humanidad se gesta y nace en el mundo energético y espiritual (cuyo ritmo es mucho más lento que la velocidad de la mente) y crece en el mundo físico, donde se manifiesta y adquiere la forma y densidad material.

El mundo sutil es al que se accede directamente con la apertura del tercer ojo, la activación de las hebras de ADN superiores, lo que hasta ahora hemos llamado "iluminación", "Nirvana" o despertar del Ser Cristal.

Los viajes astrales, los desdoblamientos, las experiencias cercanas a la muerte o el consumo de medicinas ancestrales pueden mostrarte un atisbo de lo infinito que es ese mundo, real pero no físico. Un mundo de belleza y armonía, de colores y sonidos celestiales. Es un mundo que se mueve despacio, de forma ordenada y calmada. Cuando accedes a este mundo espiritual que se experimenta a partir de la 5D trasciendes los límites de la mente y la piel, y te vuelves Uno con todo lo demás. La mente se vuelve un instrumento imprescindible al servicio de la conciencia, y no al revés. Hay luz y paz, mucha luz y mucha paz.

Muchos me preguntan cuándo ocurrirá: -"¿Veremos estos cambios nosotros?" -"Eso depende de ti y de la Gracia Divina", -contesto.

Los cambios ya se están viendo, muchos de los sistemas que a continuación describo ya existen. Son muchos los Maestros y Seres de Luz que desde arriba nos apoyan en este proceso. Sin embargo, el despertar del Ser Cristal con el que cada uno de nosotros experimentará la Tierra en 5D es un proceso individual que sólo depende de nuestro compromiso con la evolución personal y la firme intención de limpiar nuestros cuerpos de toxicidad y recordar el Amor que en esencia somos. El ritmo de evolución del Universo, y de cada uno de nosotros como parte de Él, viene marcado por el Plan Divino, y Dios no tiene ninguna prisa por llegar a ningún destino, porque ni tiene tiempo ni tiene fin: lo que parece la meta es solo el comienzo de una nueva vuelta a la eterna espiral.

Todos los habitantes de la Tierra en este momento de la historia somos responsables de construir las civilizaciones que habitarán aquí las próximas generaciones, consciente o inconscientemente, lo sepamos o no. Lo que pensamos, decimos y hacemos cada día contribuye a la realidad que viviremos en este Planeta en las próximas décadas, y eso depende fundamentalmente de cómo vibramos o, dicho de otro modo, del grosor de la máscara que llevamos puesta, de lo cristalinas que sean nuestras lentes. Cuando la máscara desaparece, accedemos a la pureza del Ser, esta dimensión energética donde sólo hay belleza y armonía.

Aunque no podemos decidir cuándo nos sucederá eso (las cosas verdaderamente importantes de la vida no las controlamos nosotros), sí podemos comprometernos con caminar en esa dirección, con esa intención. La responsabilidad individual de cada uno de nosotros es ir reduciendo la máscara que oculta la luz que somos y representa nuestra carga del pasado, para ir alivianando nuestros pasos e irradiando cada día más amor allá donde estemos. Silenciando el ruido de la mente temerosa, para que la única voz que escuchemos sea la del Ser que nos va guiando en el camino con certezas como: "haz este viaje", "lee este libro", "medita", "cambia tu alimentación", "independízate", etc., etc. Las decisiones tomadas desde el corazón no suelen entenderse bajo los criterios "lógicos y racionales" de la mente, y a menudo generan un dolor en el momento que se toman (el dolor del desapego y la incertidumbre); sin embargo, al tomarlas sentimos un alivio y una liberación enorme.

Al final de este libro incluyo una lista de Referentes y Referencias que pueden acompañarte e impulsarte en esta transición entre la 3D y la 5D.

Por muy lejana y compleja que parezca esta nueva realidad que juntos estamos co-creando, cada vez estamos más cerca. Con la aceleración de la Resonancia Schumann de la Tierra y el apoyo de los hermanos de la Confederación Galáctica, los procesos se están acelerando cada vez más y la información se expande y se integra cada vez más rápido. Lo que antes algunos tardaban décadas en asimilar, hoy otros lo consiguen en días. Cada vez hay más almas pulsando por la luz y el amor, contrarrestando la fuerza de las energías oscuras que habitan en el Planeta. Y al final, como ya se advirtió en la Biblia, reinará el Amor.

2.1

TRANSFORMACIÓN SOCIAL

La transformación social parte de la transformación de cada uno de sus individuos, que se conectan en parejas, que después conforman las familias.

En la Vieja Humanidad todo gira en torno al dinero.

En la Nueva Humanidad, todo gira en torno a la familia, la comunidad.

2.1.1 LA PAREJA

Como ya te he contado antes, Sebas, el papá de mi hija, y yo decidimos terminar nuestra relación de pareja en enero 2020, cuando Carla tenía 2 años y medio, después de 7 años en un modelo monógamo y algunos meses en los que habíamos decidido abrir la relación como posible vía de reconexión del vínculo que sentíamos se había debilitado, acompañados por terapeutas expertos. La conclusión de esa introspección y experiencias fue que lo mejor para nuestra evolución era disolver la etiqueta de pareja, por mucho que eso nos doliera en ese momento presente.

Estábamos de viaje en Tailandia y nos quedaba una semana para regresar a España, que fue quizás una de las semanas más duras y difíciles para el ego en lo que llevo encarnada en este cuerpo. El momento de la decisión no fue amoroso para con el otro (aunque sí un acto de amor propio de cada uno de nosotros) sino todo lo contrario, una explosión de una olla express que llevaba muchos meses a alta presión. Carla no entendía ni decía nada, pero sin duda sintió todo ese dolor y miedo que brotaba de cada uno de nosotros. En ese momento, nuestras almas sabían que no había vuelta atrás, que ese modelo de familia "socialmente aceptado" con el que yo, una Cáncer sensible e idealista, había soñado, no iba a ser el mío, al menos no con él.

Han pasado casi 3 años desde ese día y muchas oportunidades para aprender a amarnos de otro modo. Por supuesto nuestros egos se han confrontado, reclamado, juzgado, atacado. Hemos atravesado olas de mucha confusión y mucho dolor que si no hubiéramos tenido una hija en común hubieran sido la causa de un distanciamiento permanente, como a los dos nos había pasado con otras tantas relaciones anteriores.

Pero Dios quiso que nuestras almas se mantuvieran unidas para siempre a través del vínculo de la paternidad, y afortunadamente ambos éramos lo suficientemente maduros para asumir la responsabilidad de nuestras emociones y poner el bienestar de nuestra hija, una habitante de esta Nueva Humanidad, por delante de cualquier batalla egoica.

Con el tiempo ambos hemos entendido que nuestra relación era kármica y que el acuerdo de nuestras almas era el de ser padres de Carla de por vida, mas no pareja, pues nunca nos sentimos "par-ejos". También formaba parte del Plan que Sebas recibiera la nacionalidad española, que yo conociera bien Colombia, que nos acompañáramos en nuestros procesos de despertar espiritual y otro montón de cosas más que sucedieron mientras compartimos camino.

En el momento que decidimos separarnos yo le exigía que fuera "más hombre, más proveedor" y él me exigía que yo fuera "más femenina, menos manipuladora y menos controladora". Yo no me sentía apoyada y sostenida por él, y él se sentía tremendamente presionado por mí. No importaba cuánto él me diera, para mi era insuficiente. No importaba a cuánto de mi vida personal y profesional yo renunciara por la familia, él no lo valoraba. Evidentemente, había un desbalance en nuestras energías que provocaba un desorden en nuestro sistema familiar y, por tanto, desarmonía. Esas fueron las razones que la mente encontró para terminar nuestra relación de pareja, aunque hoy sabemos que esa decisión era, simplemente, parte del Plan de nuestras almas.

La decisión de dejar de ser pareja fue un acto de valentía, un momento en el que ambos ejercimos el libre albedrío para seguir el impulso de nuestros corazones por encima de la voz de la mente, que nos decía que lo mejor para nuestra hija era crecer en una "familia unida", que en algún momento pasaría esta crisis y todo se arreglaría. En ese momento no sabíamos que la unión no procede de la convivencia bajo el mismo techo sino de los corazones libres de dolor y resentimiento, y tampoco comprendíamos que la paz no depende de nada ni nadie externo.

Gracias a esta experiencia y a la noche oscura del alma que ambos hemos atravesado a partir de ella, hoy somos dos seres mucho más evolucionados, más sabios, más plenos y más felices. Con la perspectiva del tiempo y conciencia, nos vamos dando cuenta de que el dolor es simplemente un ajuste vibracional que nuestro Ser necesita, un salto cuántico cuya consecuencia es siempre mayor pureza, sutileza y libertad.

Como ya te conté antes, la vida nos proveyó de una bonita y espaciosa casa de madera en el Caribe de Costa Rica y ambos seguimos el fluir de nuestras vidas viajando por el mundo, con la firme determinación de llevar a cabo nuestras misiones individuales priorizando el bienestar de Carla por encima de nuestros miedos y deseos. Ambos recordamos el propósito de nuestra encarnación, la misión que da sentido a nuestra existencia en este plano, y priorizamos realizarnos en ella mientras acompañamos a nuestra hija en el desarrollo de la suya.

Ahora hay mucho más equilibrio en cada uno de nosotros, y por supuesto entre nosotros. Ella pasa tiempo de mucha calidad con cada uno de nosotros y también, cuando surge, con los dos. Recibe altas dosis de amor, respeto y cariño de cada uno de nosotros, y también del que fluye entre nosotros dos y entre nosotros y nuestras nuevas relaciones. Nos apoyamos con tiempo o con dinero según la experiencia lo va requiriendo. Ambos hemos comprendido que el amor trasciende cualquier etiqueta y que no necesariamente conviviendo bajo el mismo techo es como más nos amamos. Que la vida tiene sus planes, sus razones, sus motivos, y que todo es mucho más fácil cuando simplemente aceptas que lo que está sucediendo en este momento es lo único y lo mejor que puede suceder para el proceso evolutivo de todos los involucrados en la escena.

Romper esa relación de dependencia y apegos era un acto de coherencia con nuestra decisión firme de recordar quién éramos y descubrir la verdad de nuestra alma, que es la misma verdad para todas las almas: todos somos fragmentos de una misma cosa, cables conectados a una misma corriente eléctrica, piezas de un mismo puzzle al que llamamos Dios. Y ese puzzle se mueve y evoluciona por una única razón y con un único motor: el amor. Desidentificarme de la etiqueta "monógama", asumiendo el riesgo de rechazo y juicio de un entorno familiar enormemente tradicional y conservador, y permitirme experimentar las conexiones según surgen, cómo surgen y con quien surgen en cada instante presente, ha sido una de los mayores recompensas de este proceso.

El concepto de pareja en la Vieja Humanidad va asociado a una cantidad de creencias que conforman un programa social y culturalmente aceptado del cual duele salir. Y duele porque ese programa de la pareja no se basa en el amor, sino en el apego. Como Seres (espíritu, conciencia) anhelamos la libertad; como Humanos (mente / cuerpo), tememos perder lo que consideramos de nuestra propiedad. Y nos aferramos a lo que consideramos "nuestro" porque dudamos de la abundancia infinita de la Creación. El amor libera, el apego posee. El amor confía, el apego duda. El amor expande, el apego contrae. El amor permite, el apego prohíbe. El amor agradece, el apego juzga. En esta paradoja reside el sufrimiento de muchas de las parejas de la Vieja Humanidad, que se mantienen unidas a lo largo del tiempo no por amor sino por miedo a "perder" (y nunca volver a "ganar"). Es exactamente el mismo mecanismo por el cual ahorramos y acumulamos dinero que no necesitamos cuando hay tantas personas pasando hambre –tememos dar y no volver a recibir, cuando la Ley Universal dice exactamente lo contrario–.

La gran mayoría de las parejas de la Vieja Humanidad mantienen relaciones kármicas con el único propósito de aprendizaje. En la Nueva Humanidad, la gran mayoría de las parejas se dan entre almas llama que se reconocen dos partes de un mismo Ser, una misma conciencia y, por tanto, no pueden separarse, por muy lejos que se encuentren físicamente.

Estos encuentros entre almas completamente compatibles surgen porque cada una de ellas, en su individualidad, se ha recordado, se ha encontrado consigo misma. Ambas mantienen un compromiso espiritual y han conquistado su propia independencia. Se han liberado de las cadenas de los condicionamientos y han expandido sus alas. No se necesitan ni se desean, sino que se nutren y aman. Ambos tienen una misión que llevar a cabo en la Tierra, a veces compartida, a veces no. Celebran cuando están juntos en una fusión sagrada, aunque siempre se sienten unidos. Caminan en paralelo, aunque no necesariamente de la mano. Se comunican y se complementan a la perfección, a menudo sin palabras.

La pareja existe, pero el amor no es exclusivo ni limitado a ellos. Las parejas pueden compartir el mismo hogar o espacio como núcleo de sus familias, pero se relacionan y expresan su amor hacia todo y todos.

Son relaciones maduras formadas por individuos independientes y libres de miedo y, por tanto, de apegos, posesiones y dependencias. Tener una pareja no implica que sus miembros no puedan interactuar, expresar afecto ni crear vínculos con otras personas, gracias a las cuales todos se nutren energéticamente y se benefician.

Una pareja es alguien con quien la conexión se produce a los 4 niveles: espiritual, mental, emocional y físico. Se comparte una filosofía de vida, valores, intereses, inquietudes, cualidades, estilos de vida y sobre todo energías afines. Hay admiración y respeto máximo hacia la otra persona, la comunicación es fluida y honesta, en muchos casos telepática, el crecimiento, paralelo. No hay nada que esconder, pues no hay prohibiciones ni existe la posibilidad de hacer daño al otro. Solo hay amor y, por tanto, libertad. Amor que crece y se expande con el tiempo, nutrido por las distintas experiencias que como seres individuales y en conjunto se van viviendo.

Una pareja es un espejo en el que mirarse, un reflejo de algunas de nuestras luces y nuestras sombras, un equipo en el que apoyarse y una compañía a lo largo del camino. Pero eso no significa que no vayan a existir nuevos espejos, otras personas que reflejan y nos permitan ver otras partes de nosotros, otros hologramas de nosotros mismos, otros miembros para nuestro equipo ni otros compañeros para nuestra ruta. Con muchos de ellos interactuaremos intelectualmente, con bastantes conectaremos emocionalmente y con algunos intimaremos también en un plano sexual.

La sexualidad es una herramienta para nutrirnos energéticamente, para expandirnos más allá de los límites de nuestro cuerpo físico, para co-crear realidades e intercambiar energía. La conexión se produce desde el plexo solar hacia los chakras superiores, en vez de iniciarse en los genitales (donde hasta ahora se activaba la Kundalini). Es un encuentro de almas, una danza de sonidos, respiración, miradas, caricias y movimiento que nos permite elevar nuestra vibración y expandir nuestra energía por todo nuestro cuerpo, incluso más allá de los límites de nuestra piel. Esta danza no requiere necesariamente de penetración, mucho menos de eyaculación. No tiene un objetivo que alcanzar, una meta o destino. Hay presencia total por ambas partes, ternura y escucha, por lo que cada instante del encuentro es una oportunidad para trascender las barreras del cuerpo y la mente, comunicarnos, escucharnos y fundirnos en el éxtasis del Ser que nos habita. El encuentro en sí es orgásmico porque todos los involucrados en la danza están abiertos y conectados con su energía vital, que mueven por todo su sistema energético, todos sus chakras, todo su cuerpo físico. Los orgasmos no se reducen a una concentración, y posterior liberación, de energía en los genitales provocada por la fricción, sino a una explosión de amor y gratitud desde el corazón (que puede terminar en risas o lágrimas). El pene actúa como un emisor de luz y la vagina cataliza y asciende esa energía lumínica que recibe del hombre hacia el pecho, el polo emisor de la mujer desde el cual ésta devuelve esa energía intensificada al hombre creando un círculo infinito.

Un cuerpo desnudo es una oportunidad de admirar y honrar la infinita diversidad y belleza de la Obra Divina, no un objeto de deseo ni morbo. Hay espacios considerados Templos del Cuerpo, donde la gente danza, practica yoga y se reúnen desnudos a expresar el afecto y admiración que sienten en sus corazones.
Durante este periodo de transición, hombres y mujeres del mundo estamos viviendo nuestra propia metamorfosis, un proceso de independencia y soledad a menudo doloroso que nos abre la puerta a una nueva forma de relacionarnos, primero con nosotros mismos y después con los demás. Todos estamos entendiendo que nadie puede llenar nuestros vacíos, cubrir nuestras necesidades ni sanar nuestras heridas.

Estamos dejando de culpar a nuestros padres porque no supieron darnos el afecto y el cuidado que necesitábamos cuando nuestra seguridad e independencia emocional dependía de su entrega y presencia, comprendiendo que somos la generación puente entre lo viejo y lo nuevo. Una generación valiente a los que nos está tocando reiniciar el sistema en todas sus manifestaciones, mirar hacia adentro y liberar todo el dolor enquistado en nuestro cuerpo y nuestros corazones, a menudo procedente de generaciones anteriores que jamás fueron libres de expresarlo.

Romper con nuestra historia familiar y cultural y cambiar el rumbo de la misma, escribiendo sobre hojas completamente en blanco. No tenemos ni idea hacia donde vamos, pero sabemos que vamos de la mano de Dios.

2.1.2 LA FAMILIA

En la Vieja Humanidad, las familias son el principal origen del sufrimiento, pues no se sustentan en el amor incondicional sino en el control, las dependencias y los apegos. La mayoría de nosotros hemos crecido en entornos de desconexión espiritual, en familias de tercera dimensión donde los pensamientos y las emociones no se observaban ni se atendían, y se nos ha educado para no expresar nuestra verdad más auténtica, para ser una oveja más del rebaño, para seguir las normas establecidas por otros, para no llamar la atención, para cumplir con las expectativas de los demás, etc. En las familias de la Vieja Humanidad no se expresan los sentimientos, y por tanto se crean vínculos superficiales entre narcisistas y ecoístas, donde prima la rivalidad y los juicios. Donde hay miembros dominantes y autoritarios y miembros sumisos y obedientes. Se va creando equilibrio entre salvadores, víctimas y perseguidores, en una rueda de hámster que no se detiene. Todos opinan de todos, pero ninguno vive su vida realmente feliz.

Los adultos de la transición a esta Nueva Humanidad hemos tenido que analizar y reflexionar mucho sobre los hábitos, patrones de comportamiento y creencias que nuestros ancestros nos transmitieron, sus historias de vida, sus sueños y dolores más profundos, precisamente para desaprenderlos y cortar con un pasado de secretos, tabúes y máscaras. Hemos tenido que ordenarnos en un sistema bajo la Ley del Amor, cortar lazos de apego, perdonar y perdonarnos. Mirar a los miedos que nos transmitieron de frente y transmutarlos en amor, respeto y confianza.

Y hemos hecho eso por nosotros, pero sobre todo para que las próximas generaciones vengan libres de las cadenas del pasado y puedan disfrutar su propia aventura, crear lo que han venido a crear, desarrollar la misión que han venido a desarrollar, volar alto y libres.

Los niños que hoy son guiados y acompañados en entornos de quinta dimensión serán los adultos que consolidarán la Nueva Humanidad y podrían ser los padres de una siguiente generación de seres que ya hoy se empiezan a conocer como Homo Galáctico. Crecen con referentes de hombres y de mujeres conectados a su sabiduría interna, cuidadosos y respetuosos de sus cuerpos y el medio ambiente, sensibles, perceptores de su energía y de la energía de sus entornos, lo que les permiten comunicarse a menudo sin palabras.

Las familias de la Nueva Humanidad se construyen desde el amor libre entre almas afines que se respetan, comparten, aprenden y se divierten juntos. Familias que se consideran equipo, que se unen para crear comunidades, nutrirse, apoyarse y evolucionar. Comunidades con los mismos valores y una misión que los une.

En la Nueva Humanidad, los miembros de cada familia no necesariamente viven cerca físicamente, y van cambiando con el tiempo. Esto hace que la energía de la familia se mantenga fresca, viva, y que la información que entra en ella provenga de diferentes experiencias y canales.

El concepto de familia no se reduce a una pareja con hijos, ni siquiera exclusivamente a personas de la misma sangre, sino del mismo origen álmico. En una familia hay muchos miembros, con diferentes vínculos y conexiones entre ellos. Algunos vínculos son sexuales, otros emocionales, otros intelectuales. Algunos de dos de ellos, algunos de ninguno y algunos de todos ellos. Algunos entre personas del mismo género, otros de género opuesto. Ninguno mejor que otro, especial o más importante.

Dentro de estas familias álmicas hay hombres y mujeres compatibles genéticamente que se unen para tener hijos en común, a los que guiarán, cuidarán y acompañarán durante su infancia junto al resto de personas de la tribu. Niños que crecerán en la misma familia, pero no necesariamente formarán parte de ellas en el futuro. Se dispersarán y se moverán según el Gran Artista los vaya requiriendo, llevando la sabiduría de la experiencia que les proporcionó la familia en la que crecieron. Los hijos no son propiedad de los padres, quienes simplemente representan el canal a través del cual nuevos habitantes llegan a la Tierra, sino que son seres libres y plenamente conscientes de su poder al servicio del Plan Divino.

Durante este periodo de transición estamos viendo como la mayoría de los núcleos familiares se rompen, a la vez que van llegando a nuestras vidas otras almas a las que consideramos familia. Nos sentimos más cercanos a personas que acabamos de conocer que a miembros de nuestra familia de sangre. Las conexiones energéticas priman sobre las conexiones físicas.

Cuando algo en el mundo de la forma no funciona -en este caso, el matrimonio-, debemos ir a analizar el fondo. ¿Qué de este modelo contractual no se corresponde con lo que verdaderamente Yo soy? ¿Cuáles son las creencias sobre el matrimonio que me separan del amor libre?

La primera de ellas es que **matrimonio es para toda la vida.** Nada material es permanente. Nosotros mismos nos transformamos decenas de veces a lo largo de una vida. Nuestra energía está en continuo movimiento, y por tanto nuestras conexiones energéticas van cambiando de acuerdo a la frecuencia en la que vamos vibrando. El amor es la base que sustenta cualquier interacción humana, permanece y permanecerá siempre, mas no la forma en la que se manifiesta. Nuestra propia transformación individual provoca que nuestras relaciones vayan transformándose continuamente, y esto a su vez nos obliga a transformarnos y adaptarnos a lo nuevo una y otra vez. Al principio estas metamorfosis son dolorosas porque llevamos años pensando que las relaciones son estáticas y que somos nosotros los que debemos acoplarnos a la forma establecida de la relación, en vez de ser la relación la que se va adaptando a nuestra propia evolución individual.

Las relaciones están vivas, tan vivas como los individuos que la conforman, y es por eso que los acuerdos que las sustentan deben ir modificándose en función de las distintas experiencias que se van viviendo. El compromiso no se firma una vez para toda la vida (el día de la boda), porque a lo que estaba dispuesto a comprometerme el año pasado no es lo mismo que a lo que estoy dispuesto a comprometerme hoy. Soy un ser libre, y como ser libre tengo la posibilidad de modificar mis compromisos.

La segunda es que **nuestra intimidad es exclusiva a nuestra pareja.** Esta creencia ha sido el origen del sufrimiento por lo que se conoce como infidelidades. Vínculos energéticos que desaparecen y nuevas energías que llegan a despertar partes de nosotros que estaban dormidas. La intimidad es la consecuencia de la desnudez, y la desnudez se produce cuando desaparecen las barreras. La ropa es una barrera entre dos pieles, las creencias entre dos mentes y el dolor bloqueado entre dos corazones. Cuando el desnudo, la presencia y la vulnerabilidad aparecen en escena, la fusión energética entre dos almas es total e inevitable. No importa la forma del cuerpo, el género, los hábitos ni la historia de la otra persona. Amo lo que es aquí y ahora, y a cada Ser con el que comparto cada aquí y ahora.

Otra creencia es que **una pareja debe compartirlo todo.** Cuando no encontramos el equilibrio entre los espacios juntos y los espacios de independencia, entre la comunicación y los silencios, la vida lo encuentra por nosotros. Salir de las polaridades y los roles, y entrar en el campo cuántico de las infinitas posibilidades, donde una relación no puede describirse ni definirse porque cada momento juntos es el primer y único momento. Y cuando no están juntos, igualmente están unidos por el Amor y en el Amor.

En una familia donde cada quién tiene claro su propósito en esta Tierra y está entregado al Plan Divino no hay un modelo estándar, y tampoco la posibilidad de perderse en la entrega por complacer y satisfacer a los demás. Todos los miembros están enfocados en servir a la Comunidad con sus dones y talentos, y sienten la dicha por su existencia y la conexión con las personas a las que ama, estén o no cerca físicamente. Hay apoyo y confianza en cada uno de los miembros, desarrollen la función que desarrollen, pues se saben sostenidos y guiados por la propia vida.

Los hombres y mujeres que conforman las familias de esta Nueva Humanidad son los que durante esta transición conocemos como "mujeres y hombres empoderados" –en el futuro esta etiqueta no tendrá sentido, porque al recordar el Ser que somos, el poder es inevitable–.

Hombres y mujeres en todo su poder, entendiendo el poder como una energía interna procedente de la conexión con nuestros cuerpos, nuestras emociones y nuestra parte espiritual. Hombres y mujeres completos, equilibrados, centrados, libres, amorosos, responsables de todo lo que sucede en su mundo interno y externo, creadores de su realidad. Hombres y mujeres con el fuego de la inspiración encendido sostenido por unas aguas en calma, aire fresco y claro pisando sobre tierra firme. Con el corazón abierto, la mente despejada, el cuerpo sano y el espíritu libre.

Mujeres magas, conectadas a su ciclo menstrual y los ciclos terrestres y lunares. Mujeres auténticas, que escuchan a su cuerpo y respetan las diferentes energías que lo transitan a lo largo del mes, sin forzarse a actuar diferente a lo que sienten en cada momento. Mujeres alquimistas, abiertas a recibir cualquier estímulo externo porque confían en su capacidad de transformarlo en amor antes de devolverlo. Mujeres maduras que no se toman nada de forma personal, que tienen la certeza de que en todo momento es Dios actuando a través de ellas –y de los demás–, y por tanto no sienten la culpa del error o la exigencia de las expectativas. Mujeres abiertas que no tienen que transmitir una imagen específica, protegerse ni agradar a nadie. Mujeres sabias porque saben cuándo expresarse y cuándo callar.

Hombres maduros, presentes y centrados. Hombres que sienten y transmiten calma, confianza, seguridad y protección. Su energía principal representa el ojo del huracán, saben que todo es temporal y no se dejan afectar por las olas de la emoción. Se hacen cargo de las diferentes energías que los transitan, expresan amorosamente sus puntos de vista y buscan llegar a acuerdos en los que todas las partes se sientan cómodas. Hombres enfocados en su propósito, proveedores, independientes, completos, felices, afectivos, cercanos, sensibles y sabios.

En la Nueva Humanidad, cada hombre y cada mujer son una expresión de Dios, una manifestación del perfecto juego entre lo femenino y lo masculino, un canal para que la Obra del Creador se desarrolle en la Tierra. Todos viven cada instante a la vez, desapegados del pasado y despreocupados del futuro, atentos a la información que en cada presente se despliega, siguiendo las instrucciones de los impulsos de su corazón. No importa el género o la forma física de cada persona sino la compatibilidad de energías para según qué propósito.

En esta Nueva Humanidad no hay nada que fingir o aparentar, nada que demostrar y nadie a quien convencer. Las conexiones se producen en el momento que se requieren con un propósito específico, y cuando ya no son necesarias, se disuelven, se debilitan o se transforman. Sin drama, sin sufrimiento, sin tragedia. Con inmensa gratitud. Cada persona y cada experiencia nos deja una enseñanza que llevaremos a nuestras siguientes relaciones, confiando totalmente en el Plan Divino y viviendo cada día más alineados con la Ley Universal del Amor.

La mujer disfruta de ser mujer, madre, hija, hermana, amiga, compañera, amante o esposa, según se requiera en cada momento.

El hombre disfruta de ser hombre, padre, hijo, hermano, amigo, compañero, amante o esposo, según se requiera en cada momento.

Hay tiempos y espacios para todo. Claridad en la mente para disfrutar de cada presente. Responsabilidad y amor en la comunicación para que todos se sientan escuchados y respetados en su verdad más auténtica.

La intuición y la sensibilidad son las brújulas de nuestro camino, pues no hay miedos que los inhiban. En la mayoría de ocasiones ni siquiera hacen falta palabras. Uno sabe lo que sabe, aunque no sabe porqué lo sabe. ¡La energía no se equivoca!

Y son estos hombres y mujeres los que interactúan entre sí, creando la evolución de lo que hoy conocemos como parejas, cimientos de las nuevas familias.

2.1.3 LOS HIJOS

Aunque a nivel inconsciente la maternidad / paternidad es algo que acordamos incluso antes de nacer y para lo que nos venimos preparando desde antes de quedar en embarazo –tanto los padres como el Ser que va a encarnar–, en el mundo físico el proceso de maternidad comienza en el momento en que se produce el chispazo divino que crea una nueva vida, esa unión sagrada del óvulo y el espermatozoide. Desde ese mismo instante empezamos a desarrollar el arquetipo de la madre / padre, que despertará nuevos aspectos del Ser en nosotros a lo largo de esta experiencia vital.

Estos arquetipos representan nuevas facetas para el hombre y la mujer, y requieren de nuevas cualidades para las que generalmente creemos no estar preparados. La mente que pretende controlar los acontecimientos que sucederán en nuestra vida jamás estará lista para afrontar un cambio de vida de tal envergadura, por muchos libros que lea y muchas opiniones externas que pida. Sólo la Diosa que habita en cada una de nosotras sabe y sabrá en cada instante cómo ir gestionando los diferentes retos que aparezcan en el camino de la maternidad, igual que ha sucedido hasta ahora con otro tipo de desafíos que la vida nos ha puesto por delante.

El arquetipo de la madre nos lleva a desarrollar la entrega incondicional, el cuidado, la presencia, la ternura, la sensibilidad, la sensualidad, la generosidad, la seguridad afectiva, la confianza y la paciencia, entre otros. El arquetipo del padre nos permite desarrollar la autoridad, la disciplina, la protección, la seguridad en el mundo, la responsabilidad, los límites y la practicidad.

El padre y la madre pasan a ser guías orientadores de ese nuevo Ser, quien le mostrará las coherencias o incoherencias entre lo que piensan, lo que dicen y lo que hacen. Nuestros hijos son siempre un espejo maravilloso en el que mirarnos: no podemos decirles que los amamos y gritarles, porque ellos asocian el amor con los gritos y, desde su inocencia y su buena voluntad, responderán a gritos a quienes más aman.

Desde la tercera dimensión, el parto se percibe como un simple paso necesario para ser madre. Es en muchos casos programado y de acuerdo a unos parámetros estándar de número de contracciones por minuto y dilatación. Muchas mujeres no confían en su capacidad mamífera de parir y acuden a la ciencia para evitar el dolor de ser atravesadas por la propia vida. Viendo solo la dimensión física de ese momento, prefieren no enterarse del proceso y llegar rápido al objetivo: tener a su hijo en brazos.

Las mujeres de la Nueva Humanidad conocen la dimensión espiritual de ese momento sagrado y eligen vivirlo con total conciencia y presencia. Confían en su cuerpo, en su intuición y en la sabiduría de su hijo para nacer. Conocen el poder de la mente sobre el cuerpo y de la respiración sobre la mente. Es la respiración el hilo que conduce el proceso, que se vive intensamente, segundo a segundo. Sin prisas, sin métricas cuantificables ni moldes preestablecidos, sin expectativas. El nacimiento es un ritual de paso, un momento tan sagrado y único como la muerte, el proceso a la inversa. El parto es una de las mayores evidencias de la existencia de Dios, y no hay ni habrá humano que pueda controlar las circunstancias en las que se crea y se destruye la vida en ningún punto del Universo.

En la Vieja Humanidad, ser padres es en muchos casos un paso más en el proceso de una vida "exitosa", hasta el punto que si llegas a los 40 sin pareja ni hijos eres considerado un bicho raro por aquellos que aún piensan que la vida tiene una estructura estándar. Tener hijos se percibe, por un lado, como una responsabilidad y un compromiso tan elevado, que la mayoría de personas no se sienten preparadas para asumir, y por otro, como un paso que consolida las relaciones de pareja e ilusiona. Es, al fin y al cabo, una experiencia más, como otra cualquiera, proporcionada por el Ser para la evolución de todos los involucrados.

Con frecuencia llegan los hijos cuando nosotros mismos no hemos aprendido a ser felices y vivir en paz, y por tanto les transmitimos y educamos desde nuestra infelicidad y perturbación interna. Proyectamos en ellos todas nuestras frustraciones y les cargamos de expectativas de todo aquello que nosotros no pudimos o no supimos conquistar. "*Lo único que quiero es que mis hijos sean felices y vivan en paz*", dicen los padres que no han aprendido a serlo. "*Que no sufran*", dicen desde su propio sufrimiento. "*Que sean libres*", ya que yo no lo soy.

Todo lo que una mujer piensa y siente durante los 9 meses de gestación es información que ese nuevo Ser necesita experimentar para su proceso en la Tierra, y que marcará una parte de su vida. Lo que la mujer piensa y siente depende exclusivamente de su programación mental, que es la que ese nuevo Ser necesita grabar para su evolución individual y su contribución a la evolución del colectivo.

Hoy estamos viendo como muchas parejas quieren tener hijos y la vida se lo impide, incluso mediante técnicas de reproducción asistida. Es el mecanismo divino para que esas personas realicen primero un trabajo interior que les permita integrar alguna lección que será importante transmitir posteriormente a su descendencia. La divinidad no nos permite reproducirnos por capricho sino por necesidad en el contexto del Plan Divino. No nos corresponde como humanos decidir a quién, con quién ni cuándo traemos nuevos Seres a este planeta. Nuestros cuerpos son sólo un instrumento fértil para que la evolución de la especie, *y por tanto de cada uno de nosotros individualmente*, continúe. Nuestra única responsabilidad es mantener estos vehículos en equilibrio, limpios y vitales. El resto... sólo Dios sabe.

Hasta ahora, cada niño/a nacíamos en el momento, la familia y la cultura que como conciencia acordábamos para grabar las creencias que necesitábamos programar -además de nuestro propio inconsciente individual con la sabiduría que habíamos venido adquiriendo en encarnaciones pasadas, en este u otros planetas más o menos evolucionados-. Toda esta información nos ha permitido atraer experiencias y personas, atravesar desafíos y aprender de acuerdo a nuestro karma individual, el karma colectivo y la misión que hemos venido a desarrollar en la Tierra. Después regresamos al mundo espiritual, con más sabiduría. El propósito por el cual este proceso de nacimiento y muerte se repite tantas veces y en tantos vehículos corporales como sea necesario es uno y común a todos los seres del Universo: recordar nuestro origen divino para después vivir bajo la Ley Universal del Amor, al servicio del Plan del Creador. En la 5D, la encarnación no es con fines de sanación, para liberar el karma y ordenar nuestro sistema de origen, sino con fines de servicio. Los niños de ahora están viniendo a contribuir en este proceso de ascensión planetaria, a servir al Plan Divino, no a reparar grietas de sus ancestros.

Los hijos son siempre una evolución de sus ancestros y nacen totalmente adaptados y preparados para el espacio-tiempo que les corresponde vivir. Ellos son la semilla del cambio, y traen la sabiduría necesaria para que la evolución de la especie se produzca.

Sin embargo, muchos padres de la Vieja Humanidad aún desconfían de las capacidades de sus hijos. De manera automática e instintiva, pretenden hoy enseñarles a vivir para el futuro tal y como ellos aprendieron de sus padres en el pasado. En vez de escucharlos, observarlos y permitirles ser auténticos, les prohíben y les obligan a hacer lo que ellos consideran correcto o incorrecto. Y no sólo les prohíben o les obligan a actuar en contra de su voluntad, sino que además lo hacen desde la imposición, la manipulación y la violencia. "*Porque yo lo digo y punto*"; "*no hay más que hablar*"; "*cuando seas padre comerás huevos*"; "*Si no haces A, no hay B*"; "*Lo hago por tu bien*"; "*Te he dicho 500 veces que ...*" o "*Cuando seas mayor lo entenderás*" son algunas de las frases que los niños, desde su inocencia, aceptan con resignación –sin comprensión y, por tanto, sin aprendizaje alguno–.

Los niños que han nacido en los últimos años y están naciendo ahora en la Tierra traen la información para esta transformación que estamos viviendo y para el mundo que viene. Por tanto, son ellos los que van a ir enseñándonos cómo guiarlos y darles las herramientas que necesitarán en su futuro. Su negación a aceptar determinadas órdenes y su rebeldía son síntomas de su sabiduría. A pesar de ser más jóvenes, saben que no son inferiores –ni superiores– a nadie, y por tanto no son fáciles de someter –como lo fueron generaciones anteriores–. No han venido a complacer y repetir historias del pasado sino a co-crear una Nueva Humanidad con cimientos de amor y respeto.

Como padres de la transición, nuestra función es saber escucharlos, lo que requiere de toda nuestra presencia y responsabilidad emocional. Requiere que nos hayamos vaciado de todas nuestras creencias y estructuras mentales para que cada día nos dejemos sorprender por su espontaneidad y su magia, sus preguntas y sus peticiones.

Cuando los adultos están conectados a sus emociones y expresan lo que sienten de una manera responsable, los niños aprenden a fluir con su energía, a escuchar los mensajes de su cuerpo y seguir los impulsos de su corazón. Si un niño está enfadado o triste, lo más importante no es que coma o recoja sus juguetes. Lo más importante es que respire y encuentre su paz.

Si un niño no quiere compartir o jugar con un amiguito, y eso activa tu vergüenza o tu miedo al qué dirán, lo más importante no es que él comparta o juegue sino que tú te hagas cargo de tu emoción.

Los padres y madres de la Nueva Humanidad no necesitan aprender a ser padres en base a la experiencia de los demás. Saben que cada día irán recibiendo la sabiduría para ir gestionando las situaciones que se vayan revelando en relación a sus hijos, igual que en relación a todo lo demás. Cuando hay conexión con nuestro mundo interno, no hay duda. Hay verdad, autenticidad y coherencia, y por tanto capacidad de expresar de una forma tranquila y armónica lo que en él se mueve. No buscan hacerlo bien, ni hacer lo correcto, sino responder amorosamente a cada circunstancia, priorizando las emociones sobre los actos. Como no se juzgan, ni siquiera están tentados de juzgar los comportamientos de sus hijos, y mucho menos insultarlos o despreciarlos por sus errores.

Las madres de la Nueva Humanidad conocen la importancia de entregarse por completo a su hijo/a al menos los 3 primeros años de vida. Esto es, poner las necesidades del bebé como prioridad, estar cerca de él, expresarle afecto, cuidarlo, nutrirlo. Los padres de la Nueva Humanidad conocen la importancia de sostener y acompañar a la madre al menos los 3 primeros años de vida de su hijo. Esto es, cubrirle sus necesidades básicas y proveerle de un espacio seguro donde ella pueda relajarse y entregarse a su bebé. Los padres no son los únicos guías del niño, pues disponen de toda una comunidad en la que apoyarse.

A medida que el niño va creciendo y ganando independencia, los padres lo van soltando para que viva sus propias experiencias, al igual que ocurre en el reino animal. En ningún caso tratan de evitarle el dolor, pues comprenden que eso sería frenar su crecimiento, cortar sus alas.

Los padres de la Nueva Humanidad son responsables de nutrir las raíces de sus hijos en la Tierra, y una vez su tronco empieza a crecer lo entregan a Dios, quien lo acompañará y sostendrá hasta que sus ramas alcancen el cielo. En ese momento, ellos continuarán desarrollando su misión en la Tierra, sirviendo al Plan Divino, del cual por supuesto sus hijos forman parte.

2.1.4 LA EDUCACIÓN

El sistema educativo de la Vieja Humanidad está enfocado en los resultados en el mundo de la forma, en la tercera dimensión. Enseña a los niños a competir, a luchar por lo que quieren. Se basa en una estructura jerárquica donde el de arriba (padre, profesor, jefe, gobierno) posee la autoridad y el conocimiento y el de abajo (hijo, alumno, empleado, ciudadano) no tiene más remedio que obedecer y someterse. Transmiten que la vida es dura y que hay que sacrificarse y esforzarse para conseguir lo que se quiere, que hay oportunidades limitadas y que solo serán felices los que tengan éxito material, consigan un "buen" trabajo, se casen, tengan hijos, casa y coche. El sistema está pensado para producir trabajadores en serie, robots, funcionarios y empleados. En ningún caso reconoce y potencia las habilidades y dones específicos de cada niño, y sin embargo castiga sus debilidades. Es un trayecto de mínimo 18 años durante los cuales al niño apenas se le brinda la oportunidad de elegir lo que quiere aprender, y durante los cuales se le castra su capacidad de disfrute. A los 18 años deben decidir qué carrera estudiar, los padres le dicen: "haz lo que te guste" y claro, el niño no tiene ni idea.

Se les enseña a los niños a castigarse por sus errores, en vez de aprender de ellos. A sentirse culpables por sus resultados en vez de responsables de sus acciones, a actuar en base a lo que la sociedad acepta como adecuado en vez de seguir el impulso de su corazón. A dar las gracias cuando no sienten gratitud, a pedir perdón cuando no sienten disculparse porque no han integrado aún el aprendizaje. Obligan a los niños a memorizar fórmulas, nombres, fechas y teorías, que rápida y fácilmente la tecnología nos proporciona. Desde pequeñitos, el sistema educativo de la vieja humanidad nos enseña a "ser educados y buenos" en vez de auténticos, espontáneos, creativos, responsables y respetuosos.

La Nueva Humanidad requiere de nuevos modelos educativos enfocados en el éxito interior, que es la dicha y la paz que brota del corazón siempre que mantenemos la unión con el Amor del que nuestro espíritu procede. Requiere de guías, orientadores y referentes felices encargados de servir a Dios con sus talentos. No pueden enseñar a los niños a ser felices adultos que no lo son. No pueden transmitir la libertad quienes no son libres, ni el amor quien no ama.

Nadie que haya conquistado el éxito y la libertad personal desde la rivalidad, la competencia y el abuso puede ser feliz, y nadie feliz lo es es porque tiene una casa, un buen trabajo, un coche y una familia con hijos. La felicidad es un estado interno asociado a la gratitud por cada instante presente, independientemente de las circunstancias externas. Apreciación de lo sencillo, lo sutil, lo simple. Valoración de la existencia por el mero hecho de existir, usando las diferentes realidades exteriores como un mero escenario en el que practicar la aceptación y el amor incondicional.

Las pedagogías alternativas que están sembrando los cimientos de la Nueva Humanidad (Waldorf, Montessori, Steiner, Escuelas Libres, etc) están enfocadas en las emociones y los valores. No le dan tanta importancia al conocimiento racional, al intelecto, porque comprenden que la mente es simplemente una herramienta al servicio de la sabiduría, que no es otra cosa que el arte de saber vivir. Prestan mucha atención a la energía, la intención y las emociones desde la que surgen las acciones, al cuidado de la Tierra y el arte, y no tanto a los resultados en el mundo de la forma. Motivan a los niños a investigar, contrastar las diferentes fuentes de información y discernir entre lo verdadero y lo falso. Los adultos del futuro vivirán en una sociedad tremendamente tecnológica, en la que lo verdaderamente importante será tener la habilidad de mantenerse conectado a la sabiduría del corazón, inteligencia divina que ningún desarrollo humano puede sustituir.

La educación de la Nueva Humanidad favorece la independencia, la autonomía, el libre movimiento, el amor, el respeto y la conexión del niño con su mundo interior, del cual los enseñan a hacerse 100% responsables. Los orientadores, por tanto, son personas conectadas con sus talentos que ya han conquistado su propia independencia, libertad, alegría y respeto hacia sí mismos, tengan o no el título de magisterio. Son personas inspiradoras porque actúan desde el amor de su corazón, desde el juego, que es el único lenguaje que comprenden los niños hasta que a partir de los 7 años se empieza a desarrollar la mente lógica.

Los niños aprenden de las experiencias cotidianas que la vida les proporciona a través de sus cuidadores. En el fluir natural de la vida, a veces se requiere que vayan a un espacio a interactuar con otros niños y otros adultos, lo que hoy conocemos como colegios, y otras veces se requiere que viajen, cultiven, participen, creen, enseñen, diseñen, organicen o solucionen, en función de sus capacidades e intereses. La vida no tiene horarios ni calendarios. Tiene orden mas no estructura. La vida surge y se desenvuelve natural y espontáneamente y los niños lo saben.

La educación de la Nueva Humanidad no trata a los niños como seres inferiores e ignorantes a los que hay que enseñar porque no saben, sino como seres iguales y sabios, portadores de información divina, a los que hay que inspirar, guiar, acompañar, escuchar y respetar.

Estos niños no estudian para tener títulos sino para mejorar sus habilidades, para profundizar en aquello que les interesa, para disfrutar aprendiendo, para potenciar sus talentos. Estos niños no necesitan a un jefe que les proporcione un salario, les asigne unas funciones y les de instrucciones, igual que hacen los profesores de la Vieja Humanidad, sino que son los creadores de su propia vida, y van compartiendo sus talentos y su sabiduría allá donde Dios los requiera en cada momento.

2.2

TRANSFORMACIÓN ECONÓMICA

El sistema económico mundial lleva más de 100 años controlado por la familia Rothschild, bajo la influencia de las fuerzas oscuras que llevan miles de años tratando de evitar el despertar de la humanidad, el recordar su naturaleza espiritual, luminosa y divina.

En este momento de ascensión planetaria, somos muchas las personas que, guiadas por Seres de Luz de civilizaciones más evolucionadas enfocadas en ayudar a la humanidad a ganar la batalla de Armagedón -la batalla a la oscuridad según el Apocalipsis-, estamos desarrollando una función fundamental de recordar nuestra naturaleza, despertar nuestra conciencia y desarrollar nuevos modelos basados en la libertad y el amor.

En lo que al sistema económico se refiere, existe un Plan (Gesara) que lleva más de una década configurándose por la Alianza, basado en la tecnología del Sistema Cuántico Financiero. Un plan que muy pronto se ejecutará para reemplazar al sistema FIAT y el sistema tecnológico bancario SWIFT actual, controlado por la Reserva Federal.

La estandarización de este sistema financiero cuántico implicará enormes e inimaginables avances tecnológicos, un reseteo de toda la deuda actual (impagable), la vuelta al patrón oro, el fin del monopolio eléctrico y un plan de redención que redistribuirá la riqueza mundial equilibradamente. Es decir, estamos a punto de presenciar una nueva realidad económica, consecuencia de este salto planetario y coherente con la vibración de la 5D en la Tierra. El dinero dejará de ser una necesidad para todo aquel que haya trascendido la energía de miedo a la que se nos ha sometido durante las últimas décadas.

2.2.1 DINERO

En la Vieja Humanidad, el dinero es una fuente de seguridad y estabilidad, un termómetro de poder, una herramienta de control y un arma para manipular a las mentes atemorizadas.

Todo en la vida gira en torno a él: cuánto tienes, cómo lo consigues, cómo lo utilizas. Sus habitantes estudian para tener habilidades que le permitan ganar dinero, no para aprender y servir. Trabajan para ganar dinero, no para disfrutar mientras aportan algún valor a la sociedad. Se clasifican y agrupan en función de lo que generan y cómo son capaces de gestionarlo.

En la Vieja Humanidad, el dinero separa a la población, provoca robos, abusos, mentiras y humillación, y es la causa principal de comparación y envidia. Hay una fuerte creencia de que el dinero es limitado y "se gana, se pierde y se gasta". De que necesitamos dinero para vivir, para hacer lo que queremos, para ser felices. El dinero se percibe como un número y no como una energía y, por tanto se cuenta en vez de intercambiarse, expandirse y contraerse.

El que tiene dinero es exitoso, el que no, es fracasado.
El que vive en una mansión en Sillicon Valley es mucho mejor que el vagabundo que duerme en un portal de la Gran Vía de Madrid.
El que tiene una carrera es más inteligente y valioso, el que no, es un vago.
La humanidad se ha reducido a un número.

Al fin y al cabo, similar a lo que ocurre con el sexo o la comida, "*el dinero sólo potencia los rasgos de tu carácter*". Es una maravillosa herramienta para activar y despertar energías de distintas vibraciones que habitan en nuestros corazones, desde el miedo, la vergüenza o la culpa hasta la generosidad, la solidaridad y la alegría.

Miedo a no tener qué comer, a aburrirnos, a no pertenecer, a ser excluidos y juzgados, a la enfermedad y finalmente a la muerte. Vergüenza de pedir y recibir. Culpa por ser incapaz, insuficiente, inferior, deshonesto, desleal. A la persona que ha integrado los valores de la generosidad, la solidaridad y la alegría, por supuesto que el dinero se los potenciará –aunque sin él también lo serán–.

Al depositar en el dinero valores tan importantes como la seguridad y la libertad, le cedemos todo nuestro poder personal a un trozo de papel impreso, que es precisamente lo que buscan las conciencias de baja vibración que controlan la Vieja Humanidad: utilizarlos a cambio de una falsa certidumbre para que las diferencias, la manipulación y el control sean cada vez mayores.

Así hemos sido educados por el sistema que ellos mismos han diseñado. Así somos informados por los medios de comunicación que ellos mismos controlan.
Así estamos sometidos a los modelos fiscales que ellos mismos gestionan.

Tengo una buena noticia: nada de eso es verdad y nada de eso se rige bajo la Ley del Amor, que es la única que tarde o temprano gobernará el planeta.

Estás seguro porque tienes a un séquito de Ángeles y seres de luz guiando tus pasos mientras camines sobre esta Tierra, protegiéndote y asegurándose de que sólo experiementarás aquello que necesites atravesar para limpiar tu karma y abrir tu corazón. No importa cuánto te esfuerces, te sacrifiques, te resistas o luches por evitarlo: lo que hayas acordado experimentar para aprender a amar, lo vas a vivir. ¿Por qué entonces no relajarte, disfrutar del día de hoy y confiar en que, si algo te sucede, cuando te suceda tendrás la sabiduría y las herramientas para gestionarlo, aprender y superarlo?

Eres valioso porque eres una pieza indispensable del puzzle de la vida en este momento de la historia, y si no lo fueras, sencillamente no estarías aquí. Hubieras dejado ya este cuerpo, como lo han hecho tantas miles de almas en los últimos años. Porque tu alma tiene un propósito que cumplir para su propia evolución y también para la evolución colectiva de todos los que forman parte de tu realidad. Eres valioso porque existes y existes porque Dios te necesita para su Creación. Ten por seguro que cuando tu existencia en esta 3D deje de ser útil y valiosa aquí, o se te requiera en otro lugar del Universo, te irás. Te resistas cuánto te resistas.

Eres libre porque tienes la voluntad de elegir en cada momento lo que quieres hacer, dónde quieres estar y con quién. La capacidad de soñar y de crear. La valentía para escuchar la voz de tu alma e ignorar los obstáculos que inventa tu mente. La confianza de que en todo momento eres sostenido por la energía que te creó y te mantiene aquí y ahora. Eres libre porque existe la tecnología que te permite volar y conectarte con cualquier punto o persona del planeta en cualquier momento. Aprender sobre cualquier tema, decidir sobre lo que entra en tu cuerpo a través de tu boca y tus oídos.

En la Vieja Humanidad aún hay miedo, mucho miedo. Miedo que nos separa del Amor, que es la Presencia (Dios), que es la constante Creación, que es la abundancia infinita. Miedo que no es tuyo, que es cultural, social, familiar, heredado, aprendido. Atrévete a sentir todo ese miedo, a observar todos esos pensamientos de carencia. La voz que te dice dice que algo es caro, que no puedes permitirtelo, que tienes que elegir y renunciar a algunas cosas porque no tienes lo suficiente para hacerlo todo. Date cuenta de esa parte de ti que sueña con disfrutar y aprender descubriendo muchas cosas en muchos lugares y con muchas personas, y de esa otra parte que le pone límites al disfrute, la alegría y el placer.

Ese es el único y gran trabajo que puedes hacer por y para esta Nueva Humanidad. Hacerte cargo de todos esos pensamientos y toda esa energía densa e incómoda que atraviesa tu cuerpo con la intención de bloquearte, estancarte y cortarte las alas. Tener la valentía de mirar a todos esos miedos de frente y actuar de todos modos. Las deudas, los embargos y demás herramientas de control desaparecerán. Libérate de la culpa y el miedo, y te darás cuenta de que no le debes nada a nadie y nadie te debe nada. Los recursos circulan constantemente creando un perfecto equilibrio, que pocas veces es lineal. Es decir, lo que yo recibo no tiene porque proceder de la misma fuente a la que le doy, y viceversa. Da sin mirar a quién y recibirás en correspondencia, mas no del mismo corresponsal. Los bancos y Hacienda han creado un sistema de endeudamiento del cual ellos mismos son responsables. El oxígeno para respirar y los dones para servir nos los proporciona Dios, y es al Dios amoroso, generoso y creador que somos al único que le debemos nuestra total entrega y devoción.

Muy pronto te darás cuenta de que nada de lo que temías era real. Siempre fueron una ilusión y al afrontarlos le ganaste la batalla a la oscuridad.
Y al ganar esa batalla, encendiste una nueva luz que iluminará el camino de otros.
Y al iluminar nuevos caminos, contribuyes a la expansión de esta nueva conciencia y a la creación de esta Nueva Humanidad.

Una Nueva Humanidad donde nadie posee nada, no hay propiedades ni pertenencias. La propia Fuente de vida nos va poniendo a disposición el oxígeno y los recursos que vamos necesitando en cada momento presente a fin de que podamos ir desarrollando la misión que acordamos completar en esta encarnación, que serán las raíces de las generaciones futuras

---

Una Nueva Humanidad liderada por el Amor, por Dios, manifestado a través de la creatividad de todos y cada uno de nosotros.

Una Nueva Humanidad en la que nunca nos falta ni nos faltará nada porque tenemos amor y conexión con nuestra parte divina y, por tanto, lo tenemos todo, no necesitamos nada. Por supuesto, tampoco ahorrar, acumular, guardar ni almacenar. A veces el Creador nos proporciona dinero, otras veces se nos brinda otro tipo de recursos (ayuda, tiempo de descanso, espacio…), otras veces todo. Nunca nada.

Puesto que la voluntad personal ha sido cedida a favor de la Voluntad Divina, no hay deseos, gustos ni preferencias. Cada persona nada la corriente del río que en cada momento le corresponde nadar. No hay ambición por llegar a ningún mar, competitividad o rivalidad por llegar primero, presión por hacerlo mejor ni expectativas de que suceda de una forma u otra.

Nada es de nadie y todos podemos usarlo todo. Esta es la razón del éxito de la economía colaborativa durante este periodo de transición. Con la base de la confianza y el cuidado por todo lo material, todos podemos hacer uso de los recursos que en cada momento necesitemos, devolviéndolos o poniéndolos a disposición de otros cuando dejemos de necesitarlos.

En la Nueva Humanidad, el dinero deja de ser una fuente de seguridad y estabilidad controlada por los gobiernos y se convierte en un instrumento de intercambio a nivel global, pero no la única. No medimos el poder de las personas por las cifras de su cuenta corriente sino por su nivel de sabiduría.

Todos damos y recibimos en su justo equilibrio, que no siempre y para todos es el mismo, y no necesariamente es siempre o sólo con dinero. De ahí que no es necesario fijar precios: cada uno sabe cuánto valor le aporta la energía que en cada momento está recibiendo de los demás y cuánto puede entregar por ella. Esto nos permite a todos tener acceso a los recursos y la información que en cada momento necesitamos para seguir creando, sin diferencias ni desigualdades. En tiempos de transición vemos como cada vez más se proponen servicios con "contribución o aportación voluntaria", entendiendo la voluntad como una cualidad del tercer chakra relacionada con la confianza y la estima.

Todos sentimos al Amor, la Presencia que nos mueve, y por tanto la confianza es total. Todos sabemos que el único Gran Gestor de todos los recursos sobre la Tierra es Dios, y tenemos la certeza de que verlos y repartirlos según lo que en cada manifestar. Lo que sucede siempre es lo Creación, pues no hay egos atemorizados circunstancias.

íses y, por tanto, lo que representa la nos por dinero, al igual que las diferentes n diseñadas y acordadas por los Consejos bios con la capacidad de gestionar en Ley del Amor.

A Y TRABAJO

rabajo es la única forma de "ganarse" la vida. er algo para ganarse el derecho a vivir, que emente estar vivos.

Dado que se asume que para vivir necesitamos dinero y que el trabajo es la única forma de ganarse la vida, se da por hecho que el trabajo es la única fuente de ingresos. Si no hago nada, si no produzco, no soy nadie, no valgo nada, no merezco vivir.

Los empleados trabajadores de la Vieja Humanidad no desarrollan las funciones que les gustan o les permiten expandirse sino "lo que hay". No aprenden lo que les interesa sino lo que les dará un mejor sueldo. No crean su propia oferta laboral en base a sus talentos, su conocimiento y su experiencia sino que satisfacen la demanda del mercado, que a su vez está basada en necesidades y requerimientos estándar, a menudo desactualizados. Dado que esta falta de creatividad y flexibilidad dificulta la capacidad de innovación de las empresas para las que trabajan, su competitividad en un mercado en continua evolución es cada vez menor y, por tanto, la probabilidad de quiebre en el corto-medio plazo, mayor.

Por miedo e inseguridad, los empleados de la Vieja Humanidad no proponen ideas o cambios en base a sus talentos, conocimientos y capacidades, sino que se limitan a seguir instrucciones, a obedecer. Si se equivocan, corren el riesgo de ser despedidos y no encontrar otra empresa que les proporcione un salario para vivir, es decir, seguridad, y por tanto hacen lo que sea para mantener el empleo, aunque esté en contra de sus valores o su voluntad.

Por la rigidez provocada por el mismo miedo o inseguridad vista desde el otro extremo de la dualidad, los empresarios de la Vieja Humanidad no contratan líderes que propongan nuevas ideas, nuevos procesos, nuevos productos, nuevos canales de venta. No invierten en formación y tardan en adaptarse a los desarrollos tecnológicos. Tienen una enorme necesidad de control y poder, se creen superiores a sus empleados y se aprovechan de su miedo, abusando de su tiempo y energía.

La mayoría de las empresas de la Vieja Humanidad, dirigidas y gestionadas por personas de la vieja conciencia, han muerto en los últimos años o están muriendo.

La mayoría de los trabajadores de la Vieja Humanidad están desempleados, facturando en B y/o haciendo uso de las cada vez más ayudas que ofrece el gobierno para "ganarse" la confianza y evitar la revolución de las masas. Este sistema es insostenible y tarde o temprano caerá, pero la revolución no está siendo externa ni violenta como lo fue en otros momentos de la Historia, sino todo lo contrario.

Cada vez habrá menos personas con mentalidad de empleado porque en la Nueva Humanidad no hay empleados sino líderes, personas talentosas conectadas con su poder que saben bien lo que pueden y lo que no pueden aportar a los demás, no dependen del dinero para sentirse seguros y están dispuestos a servir incondicionalmente.

Personas que no se identifican con una profesión porque hayan estudiado una carrera sino que se reconocen eternos aprendices al servicio del Plan Divino. No son una etiqueta con un currículum y un precio sino una energía creadora que disfruta llevando a cabo diversas funciones, según lo que en cada momento se les requiera.

En la Nueva Humanidad todos conocemos nuestros dones y talentos, aquello que nos fluye hacer sin esfuerzo ni sacrificio, lo que disfrutamos haciendo, lo que no nos importaría hacer durante largos periodos de tiempo, lo que nos da energía y nos permite expandirnos, lo que nutre nuestro corazón. Al conocer los nuestros, vemos, valoramos y agradecemos los de los demás. No nos sentimos inferiores a los demás por no tener sus talentos, ni superiores porque ellos no tengan los nuestros, sino que ambos nos sentimos afortunados porque juntos tenemos el doble de talentos para crear algo nuevo. Sabemos que si la vida nos ha conectado aquí y ahora es porque la nueva creación requiere de ambos talentos unidos con un mismo propósito, igual que un collar requiere de todas y cada una de sus perlas para cumplir su función.

Así surgen lo que hoy conocemos por *empresas*: asociaciones de líderes conectados a sus inteligencias y talentos individuales, para la materialización de una nueva realidad que facilite y mejore la vida de todos los miembros de la Comunidad o incluso de varias Comunidades del Planeta entero. Cada uno desempeña la función que más disfruta y, por tanto, cada uno es responsable de aprender continuamente y entregar lo mejor de sí en beneficio del colectivo.

Nadie va delante ni detrás de nadie. Cada uno va viviendo experiencias, adquiriendo más y más sabiduría, allanando el terreno y abriendo puertas donde en cada momento se necesita. Puertas a un nuevo nivel de creación, de experimentación. Puertas a las que otros podrán acceder después si son guiados a caminar a través de ella.

En la Nueva Humanidad no trabajamos; trasgozamos o servimos para la co-creación de nuevos sistemas, nuevas experiencias, nueva tecnología, nuevos espacios y, en cualquier caso, la expansión de la Nueva Conciencia.

El sentido del tiempo del que disponemos entre nuestro nacimiento y nuestra muerte no es lograr y acumular sino aprender y disfrutar, y como sabemos eso, podemos convertir cada instante en una oportunidad de disfrute, sea cual sea la función que en ese momento estamos desempeñando. No tienen más valor los momentos que estamos produciendo que los que estamos durmiendo, cocinando, compartiendo con amigos, haciendo ejercicio, cantando o jugando con nuestros hijos. En todo momento estamos disfrutando mientras creamos la realidad futura que debe ser manifestada a través de nosotros, y mientras disfrutamos, expandimos la vibración de la alegría, la relajación y el placer a todos los que nos rodean.

Durante este periodo de transición, somos muchas las almas que estamos viviendo o hemos vivido colapsos económicos, despidos, situaciones límites que nos han permitido trascender el miedo a no tener, la vergüenza de tener que pedir, la culpa por no poder pagar las deudas, la ansiedad por no producir, la prisa por reinventarnos, etc. El ego colapsa cuando no puede controlar la situación externa, cuando lo que sucede es distinto a lo quisiera que sucediera, y ese es precisamente el regalo para profundizar en la rendición y recordar que somos simplemente pasajeros de un barco cuyo capitán es el Amor, y que sólo bajo su influencia avanza y evoluciona. Si quieres agarrar el timón y conducir el barco, tarde o temprano, con más o menos sufrimiento, te darás cuenta de que es una tarea simplemente imposible para los humanos.

El arte se considera una expresión de lo Divino y todos conocen y exploran su propio arte. Tiene un enorme valor, pues son los momentos de encuentro de las familias para crear y aprender juntos, para conectarse desde lo emocional y lo sensorial, para relajarse y disfrutar. Usamos las mismas horas para trabajar que para cuidar nuestro cuerpo y nuestras relaciones, para actuar que para descansar, para la acción externa que para el silencio interno. Yin y Yang danzando en equilibrio.

La Nueva Humanidad sabe que el que sirve está dando y recibiendo a la vez, al igual que el que es servido. Que el que sirve está dando amor y que el amor es ilimitado, no se gasta ni termina. El amor no entiende de presupuestos ni precios, no excluye al que no puede darlo, que sólo es aquél que no está abierto a recibirlo. Sólo el que ama sirve, y solo el que sirve recibe. Ese es el intercambio energético en perfecto equilibrio.

"El que sólo da, nunca tendrá lo necesario para servir.
El que sólo recibe, nunca servirá lo suficiente para vivir.
El que se niega a dar, siempre será pobre porque no sabe servir.
El que se niega a recibir, siempre será pobre porque no sabe valorar.
El que da sin recibir, genera gente incapaz de valorar.
El que recibe sin dar, genera gente incapaz de servir."

Gerardo Schmedling.

2.3

TRANSFORMACIÓN SANITARIA

Me siento a escribir cada vez que siento la inspiración de hablar sobre un tema específico, mi experiencia y/o mi visión. Bien porque me haya sucedido algo ese día, bien por un sueño, una canalización o una conversación con alguien, continuamente llega nueva información que compartir. Al cabo de los días leo lo que escribí y me voy dando cuenta de cómo este libro tiene vida propia: la información y las sincronías se van dando a medida que pasan los días, en función de lo que el libro, como conciencia y entidad, necesita transmitir. A veces modifico algo; otras leo y no recuerdo haber escrito lo que leo; otras me doy cuenta de que la información que tengo hoy –o el tono desde el que lo escribí– es mucho más completa que la que tenía hace días o semanas cuando lo hice, y desarrollo los conceptos con más profundidad.

Hablar de una Nueva Humanidad es todo un desafío para mí porque implica describir la civilización que, tarde o temprano, habitará este planeta. Ese mundo depende al 100% de los humanos que estamos habitándola hoy, y es responsabilidad de todos los que ya hemos encontrado el Amor/Dios dentro de nosotros expandir este mensaje, cada uno a su manera.

La salud en la Nueva Humanidad era un capítulo que tenía pendiente de escribir y sabía que cuando fuese el momento fluiría la información para hacerlo.

Mi madre es nutricionista y, además de eso, una mujer muy amorosa, dulce y tremendamente entregada, aunque muy desconectada de la sabiduría de su cuerpo (como la gran mayoría de las mujeres de generaciones anteriores). La alimentación siempre ha sido para ella una herramienta para verse guapa, para mantener una bella imagen, para no engordar. Siempre asocié nutrición con peso y volúmen, hasta el punto de vivir obsesionada con las dietas, el deporte y las tallas de la ropa. Pesara lo que pesara nunca me gustaba y sólo me sentía bien en mi cuerpo cuando pesaba lo que mi madre consideraba era mi peso ideal; y para estar en ese peso tenía que seguir la dieta que ella me elaboraba durante varias semanas. Es decir, desde bien pequeñita le cedí a ella el poder sobre mi cuerpo y bloqueé mi capacidad de escucharlo.

Aún algunos padres de la Vieja Humanidad piensan que saben qué es lo mejor para sus hijos y los fuerzan a hacer o comer cosas en contra de su voluntad, con la tensión y la fricción en la relación que las obligaciones y las prohibiciones generan. En la Nueva Humanidad eso no sucede, pues cualquier persona conectada con la sabiduría de su cuerpo (y libre de miedo) respeta la sabiduría de los demás cuerpos, sobre todo la de los niños, que es tan pura.

Podría decir que los kilos fueron mis mayores enemigos durante toda mi infancia y que mi autoestima se vio supremamente lastimada por ellos. Más que por ellos, por las frases que escuchaba de mi entorno cercano cuando pesaba más de lo que ellos consideraban que debía pesar para verme bonita (y los halagos y piropos que recibía cuando estaba "en mi peso ideal"). Esa baja autoestima me llevaba a cuidarme menos aún, a construir un personaje que aparentara seguridad y éxito, aunque por dentro estaba completamente vacío de amor.

Crecí con alimentos prohibidos que tenía que comer a escondidas y con la creencia de que había "comidas que engordaban" y "comidas que adelgazaban". Practicaba fútbol, baloncesto, natación, tenis y caminaba todos los días 30 minutos de ida y 30 minutos de vuelta al colegio para quemar las calorías que me había comido ese día y no "acumular". Ni te cuento el día que salía de fiesta con amigas y me bebía alguna copa. ¡3 horas de cardio en el gimnasio el día después, y 3 días a base de manzanas y espárragos!!

Nunca me hablaron de la relación entre la nutrición y la salud, y mucho menos de la importancia de las emociones que estaba sintiendo a la hora de comer. Por supuesto no culpo a mi madre de esto, porque ella creció con la misma o más presión aún por su imagen en una familia de 6 hermanos varones y una madre muy exigente y controladora, aunque sí es cierto que durante mucho tiempo reprimí mucha rabia inconsciente hacia ella por esto.

Miraba todas las etiquetas de los supermercados, no los ingredientes sino las calorías. Elegía todos los productos "light" de las estanterías, podía estar ingiriendo veneno para mis órganos y ácido para mi sangre, pero al menos no engordaba. Desde mi total ignorancia y desconexión con mi cuerpo, comía lo que culturalmente había aprendido que era "una dieta variada" con las mínimas grasas posibles. Por supuesto, cuando comía bollería o fritos sentía una culpa enorme procedente de la traición inconsciente hacia mi madre. Me encantaba su sabor pero era tan corto el momento de disfrute y tan pesada la culpa que no me compensaba. Aún así, era adicta a todo "lo prohibido".

Nunca he experimentado una enfermedad más allá de simples infecciones y gripes, nunca estuve ingresada en un hospital y por eso pensaba que era una mujer sana. Mi alma siempre ha sido una buscadora de la Verdad y mi personaje bastante rebelde. Nunca me quedé satisfecha con explicaciones racionales basadas en estudios científicos que me resonaban incoherentes o superficiales. Nunca fui alguien fácil de manipular o convencer, y siempre me interesó llegar a la raíz de lo que la sociedad considera "problemas". Hoy sé que el único verdadero problema de la Vieja Humanidad es que vive separada del Amor, de Dios, de la esencia espiritual que somos.

De toda esta infancia me quedó algo muy "positivo" –por supuesto no fue casualidad que eligiera esa madre y ese vínculo con la comida–, y es que, aunque fuera desde el lugar "incorrecto" –no sentir la culpa de la deslealtad a mi madre y recibir su aprobación y afecto–, siempre me interesé en cuidar mi cuerpo. Cuando estudié astrología y supe que tenía a Júpiter (el planeta de la imagen y la sabiduría) en Aries (fuego, vitalidad e impaciencia) en la casa 1 (la casa del yo, el cuerpo y la personalidad), comprendí que había elegido la madre perfecta para moldear estas cualidades que ya traía de serie.

Con los años y mi propio proceso personal fui soltando la identificación con mi imagen, conectándome con mi energía y reconciliándome con mi templo. Experimenté todo tipo de dietas, de varias culturas. Estudié sobre la energía de los alimentos y las combinaciones más favorables según cada tipo de sangre y Dosha. Investigué sobre las propiedades medicinales de cada planta y cómo y cuál usar según los síntomas. Sustituí todo tipo de refinados y procesados por cereales integrales, semillas, legumbres, verduras y frutas ecológicas. Probé el ayuno intermitente y el ayuno de 3 días. Dejé de hacer deporte para adelgazar y tonificar, y empecé a disfrutar y agradecer el hecho de disponer de la energía y el tiempo suficiente para pasar más horas moviendo mi cuerpo que frente a una pantalla. Bailando, caminando, haciendo yoga, surfeando, montando en bicicleta. Percibí a mi espíritu libre volar y expandirse, y decidí darle todo tipo de mantenimiento a su vehículo en esta encarnación. Recordé el amor que soy y dejé de buscarlo en la comida, en el alcohol, en mis padres, en los hombres, en el deporte. A medida que iba soltando la identificación con la imagen y el cuerpo físico, el resto de apegos se fueron disolviendo orgánica y naturalmente, sin esfuerzo ni lucha.

Ayer estuve en una fiesta de cumpleaños de una amiga de mi hija. Hacía meses, bastantes meses (me atrevo a decir años) que no tomaba ningún alimento de baja vibración -alcohol, azúcar, carne ni procesados- y ayer lo hice, muy consciente de cada bocado. Comí snacks de bolsa, brownie y bebí cerveza.

Lo hice como un experimento, porque no me gusta hablar de nada que no haya sido integrado en mi conciencia, y para integrar la información necesitamos experimentarla en nuestro propio cuerpo y no sólo conocerla desde un plano mental.

Lo hice para recordarme y reafirmarme en las razones por las que no lo hago.

Lo hice para sentir de nuevo la energía y las sensaciones que experimentan los que aún lo comen.

Lo hice para observar mis pensamientos y mis emociones antes y después de hacerlo.

Sin saberlo, porque así suceden todas las cosas, con un propósito que en ese momento desconocemos, lo hice para hoy poder hablarte sobre la salud en la Nueva Humanidad.

Para la conciencia de 5D que habita un cuerpo físico, estar sano no es solamente no estar enfermo, igual que tener la casa limpia no es lo mismo que no tenerla sucia y que un ordenador funcione bien no es lo mismo que no esté roto. Estar sano es mantener todos nuestros cuerpos (físico, emocional, mental y espiritual) en equilibrio. Tener los órganos y la sangre lo suficientemente alcalina para que nuestro fuego (espíritu), agua (sangre, emociones), aire (pensamientos) y tierra (órganos, músculos, huesos) estén en armonía y puedan ser un instrumento para que el Ser co-cree a través de ellos.

A mayor densidad en el cuerpo físico, más difícil es sentir al espíritu sutil que habita en él (tan sutil que es invisible a los ojos). No hay nada malo en tener un cuerpo denso, igual que no hay nada malo en comer alimentos procesados (no procedentes directamente de la Tierra). Cada conciencia requiere de un nivel de densidad en el cuerpo que habita para atravesar las experiencias que le corresponde atravesar y servir al Plan Divino como le corresponde servir en cada momento. Por tanto, cada uno de nosotros adoptamos en nuestra infancia unas creencias sobre la salud que aún hoy nos proporcionan unos hábitos alimenticios que nos generan una densidad determinada en el cuerpo físico.

¿Por qué la moda y la magia del ayuno, las limpiezas hepáticas y los programas DETOX? Porque nos permiten aligerar la densidad de nuestro cuerpo físico y, con ello, ralentizar el ritmo de nuestros pensamientos y estabilizar nuestras emociones, y desde ese estado, estar mucho más atentos y conscientes del canal que somos para que el Gran Espíritu materialice su Plan en la Tierra.

El ayuno y las limpiezas son la mejor medicina cuando durante mucho tiempo hemos estado intoxicando nuestro organismo con compuestos químicos y hormonas procedentes de alimentos procesados fabricados para vender más y satisfacer al primer y segundo chakra (me gusta/ no me gusta, lo quiero/no lo quiero), pero no al corazón y la intuición. Al no introducir nutrientes, el cuerpo debe tomarlos de las reservas que ya tiene y consumir así todo lo que realmente le sobra. Conozco varios casos de cáncer que han sido completamente sanados tras 21 días de ayuno a base de agua e infusiones de hierbas medicinales como el Hombre Grande, la Uña de Gato, el Palo de Indio, la Zarzaparrilla o la Cuculmeca. A falta de alimento, la Inteligencia Divina que opera a través de nuestro cuerpo se come el tumor/quistes /miomas y demás elementos extraños consecuencia de un desequilibrio interno.

Si puedo pedirte un favor, te pediría que no te creas nada de esto ni tampoco que opines al respecto. Tu cuerpo será quien saque conclusiones una vez lo experimentes y sólo cuando sea el momento perfecto para ti experimentarlo. No porque lo busques ni porque lo desees, sino porque es la experiencia que tu alma necesita en ese momento para continuar su proceso.

Una vez que tu cuerpo físico está limpio y puedes sentir los beneficios de esta limpieza, no quieres volver a ensuciarlo con alimentos sin vida, ultraprocesados. Es por eso que el ayuno o el detox transforma tantos hábitos, no sólo alimenticios sino también patrones del ego. Desmonta creencias y apegos, pone sobre la mesa el miedo a morir de inanición y te permite ver con claridad las emociones que llevas tiempo tratando de apaciguar con la comida. Al fin y al cabo, las emociones son energía que recorre nuestro cuerpo (a veces de alta y a veces de baja vibración, algunas más yin y otras más yang), y los alimentos también (de alta o baja vibración, según su procedencia y la energía con la que han sido cultivados/fabricados). Una energía puede anular la anterior durante un corto periodo de tiempo, pero si no liberas la energía originaria, tendrás que volver a comer o acudir a alguna otra adicción para dejar de sentirla, porque volverá y posiblemente vuelva cada vez con más intensidad.

Las personas también son energía, por eso conversar con alguien cuando estamos sintiendo una emoción/sensación específica nos ayuda a expandir e intensificar esa energía o a transformarla. El tabaco, el alcohol, las drogas, el deporte, el sexo... cada cosa que hacemos, consumimos o pensamos, nos aporta una energía determinada que irá modificando nuestras emociones y estados de ánimo. Hasta el instante en que trascendamos la dualidad y nos encontremos en el centro, en la vasta calma y silencio del Ser, donde no se necesita ni falta nada.

La gran mayoría de nuestras decisiones diarias son inconscientes y parten de una emoción que no sabemos identificar o una energía que no queremos atravesar. Siento una bola en el pecho a la que etiqueto como "ansiedad", y en vez de quedarme respirando y prestándole atencíón a la información que esa bola tiene para mi, como algo que me impida sentirla, lo hago desde un impulso absolutamente ignorante, y es por eso que procede de la inconsciencia del ego. ¿Es malo? Para nada. Todo es parte del proceso de ir adquiriendo sabiduría para darme cuenta del lugar desde el que tomo cada pequeña decisión de mi día a día e ir adquiriendo acercándome a Dios en el proceso.

Cuando tu casa está sucia y desordenada no tienes ganas de cuidarla y apenas quieres estar en ella. Se rompen cosas que tardas tiempo en arreglar, no quieres recibir invitados y la montaña de caos se hace cada día mayor, hasta el punto que no sabes ni por dónde empezar a organizarla y limpiarla. Cuando tu casa es un templo limpio, luminoso y cuidado, en ella se siente armonía y no sólo disfrutas estando en ella sino que quieres invitar a todos tus amigos a compartir y celebrar contigo.

No es lo mismo la energía que requiere estar un día entero presente para mi hija de 5 años, que sólo quiere jugar y no me permite dispersarme con pensamientos que me sacan del aquí y el ahora, que la energía que requiere de mi escribir este libro, que la energía que requiere de mí hacer surf, facilitar un taller, cocinar o asistir a una reunión estratégica. Son necesidades energéticas diferentes que yo puedo apoyar a través de la nutrición o el descanso, aunque siempre habrá un componente incomprensible para la mente que va asociado a un montón de variables energéticas que como humanos no podemos controlar, tales como la astrología, el karma o el periodo del ciclo menstrual en el caso de las mujeres.

Un cuerpo sano es el resultado de una alimentación natural y orgánica, una mente silenciosa y un equilibrio emocional, aunque también existen componentes kármicos que en ocasiones implican enfermedades que debemos atravesar como parte de nuestro proceso evolutivo en la Tierra, y que sin duda nos dejan una información valiosísima para la eternidad.

Mantenerse sano es un trabajo que requiere de atención y cuidado diario; no es algo que suceda o deje de suceder de la noche a la mañana ni que una vez consigas se mantenga para siempre por arte de magia. Es la suma de hábitos, creencias y decisiones que mantienen nuestra sangre alcalina y nuestros órganos limpios de toxinas, o lo contrario.

Sin esfuerzo ni sacrificio, a medida que vas despertando al Ser de pura luz que verdaderamente eres y reconoces, que es esa energía la que mueve y usa tu cuerpo para servir en esta Tierra, empiezas a elegir nutrir su vehículo con alimentos vivos procedentes de la Pachamama, y no introducir compuestos químicos, hormonas ni pesticidas en tu sangre. Decides reducir el consumo de plásticos, reutilizar cuántos envases puedas y reciclar cualquier material reciclable. Cuidamos la salud de nuestro cuerpo, de nuestra casa y, por supuesto, de la Tierra. Para despertar y salir de la densidad de la 3D, limpiar el cuerpo físico es un atajo directo, pues está totalmente conectado a la negatividad del cuerpo emocional que te mantiene atrapado en la matrix. En una Nueva Humanidad, el ADN del cuerpo físico deja de estar compuesto de cadenas de carbono y pasa a ser de átomos de silicio, la base del cuarzo. Ya se está produciendo, cada vez más aceleradamente, esa mutación en los átomos de nuestra estructura física, que nos traerá nueva información para las nuevas capacidades y funciones que nos corresponde experimentar dentro de nuestro proceso evolutivo y el de Gaia. A mayor transparencia en la expresión desde el corazón, mayor transparencia del cuerpo físico, menor oscuridad y por tanto menor densidad. La enfermedad dejará de ser necesaria, pues no hay miedo que afrontar.

Los vehículos corporales y astrales de la Nueva Humanidad servirán mucho más tiempo, y no habrá necesidad de cambiarlos cada 80-90 años, pues no habrá apegos que soltar. A menor carga emocional, más ligereza y más salud. Los cuidados "anti-aging" (o anti-envejecimiento) tienen sentido, como el resto de avances tecnológicos, si van de adentro hacia afuera, es decir, si ya se ha producido el cambio interno vibracional. Si no, no son más que tiritas tratando de cubrir la herida de la desvalorización, la inseguridad y la falta de autoestima. Ningún cambio en el mundo físico tiene permanencia en el tiempo si no va acompañado de un cambio de mentalidad y vibración (por eso mucha gente a la que le toca la lotería termina arruinada con los años). Los avances tecnológicos en el campo de la salud (las camas médicas, entre otros, traídas de civilizaciones más evolucionadas) nos permitirán limpiar nuestro campo electromagnético -y por tanto ampliar nuestro toroide-, lo que resultará en un retroceso aparente del cuerpo físico de 40 años en el tiempo, regenerando nuestros órganos físicos, purificando nuestra sangre y rejuveneciendo todo nuestro sistema. regenerando nuestros órganos físicos, purificando nuestra sangre y rejuveneciendo todo nuestro sistema.

La meditación, la naturaleza, el ayuno y los sueños son las grandes medicinas de la 5D, donde la sanación procede del amor que cada uno siente en su corazón.

2.4

TRANSFORMACIÓN POLÍTICA

Observo cómo me resulta complicado escribir sobre política; el ego o pequeño yo se resiste a hacerlo porque sabe que es un tema muy polémico y quiere evitar las posibles críticas al exponer su visión en este ámbito. "*Tú no tienes ni idea de política, nunca te ha interesado*", *me dice el loro de la mente.* "*Cualquier experto que lea esto te va a hacer mil preguntas que no sabrás responder*", continúa. Es cierto, la mente no tiene ni idea, y es posible que en algún momento alguien me haga alguna pregunta sobre esta información que no sepa contestar. Respiro profundo varias veces, lo acepto, pido asistencia y dejo que mis manos redacten lo que mi corazón intuye. Siento que es importante narrar al menos una visión global de la transformación política que el Planeta está por presenciar en este libro. Aquí va:

En la Vieja Humanidad, la política separa a la población en bandos o partidos, según diferentes ideologías o campos de experimentación. Cada ideología está asociada a un programa de creencias que en la mayoría de los casos no proceden de la experiencia personal sino de los patrones heredados de nuestros ancestros, que vivieron una realidad muy distinta a la actual. Los gobernantes que establecen las leyes se eligen democráticamente en base a esas ideologías, y cada ley es un intento de dirigir a la sociedad en una dirección específica, un uso de la autoridad para conseguir un resultado, igual que hacían nuestros padres al establecernos unos parámetros de comportamiento que si seguíamos nos premiaban y si incumplíamos nos castigaban y regañaban "*por nuestro bien*". Vendida como una solución para protegernos, en pocos casos la verdadera intención de una ley es esta: "*Haz esto porque yo lo digo y sino te castigo y te quito tu libertad*".

El sistema democrático y la Constitución fueron diseñadas en un momento de la historia donde esa libertad de elección del pueblo era necesaria para la evolución de cada uno de sus individuos. Cuando un ciudadano actúa cuidadosa y respetuosamente por el bien común desde una motivación interna (procedente de un nivel de conciencia elevado), la única Ley en la que se basa es la del Amor. No hay amor en una acción acometida desde la obligación o la presión externa ni desde el miedo a una consecuencia indeseada para evitar el dolor. Si esto no fuera así, no serían necesarias las multas, los embargos, los reformatorios o la cárcel.

"Ámame cuando menos lo merezca, pues será cuando más lo necesite". Es precisamente lo contrario a lo que hace este sistema de premios y castigos en el que se basan las leyes de la Vieja Humanidad.

En la Nueva Humanidad, las comunidades son la base de lo que hoy conocemos como Gobiernos. Se rigen por sus propios acuerdos, creados por los sabios de mayor nivel de conciencia del grupo, y respetados entre todos y por todos. Los que establecen las leyes son las personas más poderosas, no las más fuertes. Nadie los elige, aunque todos saben quienes son. Todos son líderes y responsables, todos saben cuáles son las funciones y dones de cada uno de ellos y todos conocen la Ley del Amor. Son personas que dominan el arte de vivir en paz, que han encontrado la Fuente de toda dicha en su interior, y por tanto no buscan nada fuera: ni en la fama, ni en la riqueza, ni en la autoridad ni en el reconocimiento. Es por eso que no lo buscan, lo obtienen.

La comunicación es la base de toda comunidad y la expresión y la escucha de todos los miembros, en distintos niveles, es indispensable. Todos sienten la conexión entre ellos a un mismo propósito y a Dios. Todos saben a quién acudir para según qué necesidad. Todo está organizado y todos respetan el orden establecido.

Todos asumen las consecuencias de sus actos. Por tanto, no son necesarios los castigos, las cárceles, los ejércitos, las multas, los jueces ni la policía. No hay un gobierno autoritario al que los demás le tienen miedo y obedecen en sumisión; por el contrario, hay personas con distintos niveles de sabiduría a los que todos respetan y escuchan. Todos son canales a través de los cuales la información del Plan Divino se va descargando, y por tanto todos pueden expresarse libremente.

Cada uno es libre de permanecer y pertenecer a esa familia o comunidad si así lo siente, aceptando y cumpliendo los acuerdos de la misma, y también es libre de irse cuando sienta que ya no le corresponde continuar ahí. Todos los miembros saben que si uno de ellos sale es porque el Creador lo requiere en otro lugar, en otra comunidad, igual que si uno entra es porque la familia necesita de la información que éste trae para su próxima creación y su continua evolución.

Todos somos habitantes de la Tierra y podemos movernos libremente por ella. No hay necesidad de identificarse ni de controles, pues no hay nada de lo que protegerse. No hay nacionalidades, fronteras, aduanas ni pasaportes, aunque sí razas, dependiendo de la Comunidad en la que naciste. Tu raza depende de tu origen, aunque en ningún momento determina la comunidad a la que perteneces ni el lugar en el que habitas. Cada comunidad está conformada por personas de distintas razas, diversidad que hace más enriquecedora la experiencia. Nos sentimos hermanos y habitantes de un mismo espacio, la Tierra, al que cuidamos como nuestro verdadero hogar.

Una humanidad en 5D sabe que todos somos un fractal de lo mismo, el Amor que nos creó, y que sirviendo al hermano está contribuyendo al bienestar global y, por tanto, individual. No hay miedo a dar ni compartir, pues los recursos son ilimitados y no hay abusos de poder ni luchas de egos. Cada uno aporta al sistema lo que puede y como puede, y recibe del sistema estrictamente lo que necesita en cada presente. No hay clases sociales ni jerarquía, no hay propiedades sino recursos a disposición del que lo necesite, no hay diferencias.

Durante este periodo de transición vemos como el sistema democrático actual está perdiendo fuerza y la confianza en los políticos desaparece. Ningún sistema jerárquico puede mantenerse en la Nueva Humanidad, y mucho menos sustentado en la fuerza, el control y la manipulación desde el miedo. No hay partido político que pueda separar a una civilización unida por el amor.

2.5

TRANSFORMACIÓN RELIGIOSA

La palabra *religión* proviene del verbo *religare*, en latín. Volver a ligar, volver a unir al humano con Dios. Desde el momento en el que como chispas de energía nos separamos de la Fuente creadora del Universo y nos aventuramos a experimentar la dualidad del mundo físico, todos los seres humanos anhelamos volver a unirnos en ese orgasmo cósmico, ese éxtasis y esa plenitud que se siente al ser Uno con el Amor Creador. Para volver, hay tantos caminos como personas, aunque el destino es el mismo para todos.

En la Vieja Humanidad, las religiones se convirtieron en dogmas, ideologías y doctrinas que, lejos de unirnos como hermanos hijos de un mismo Padre, nos separaron. Se malinterpretaron y se utilizaron como una herramienta para manipular a la sociedad, ya que para adoctrinar a las masas en un "buen" comportamiento recurrieron al miedo y la culpa. De una forma u otra, todas las religiones transmiten las enseñanzas de un Ser iluminado, un guía espiritual al que todos debemos seguir para llegar a Dios.

Sin quererlo, las religiones han desconectado a miles de almas de su propio poder personal, de su Yo Superior, de su espíritu, de su energía, de la chispa divina que son. Nos han castrado la posibilidad de liderar nuestra vida desde el amor que brota de nuestro corazón, portavoz del alma, a favor del miedo procedente de nuestras mentes.

Cómo todo cuanto existe en la Vieja Humanidad, y como hablábamos anteriormente de la democracia, el matrimonio, el castigo y el funcionariado, entre otros modelos, las religiones han sido útiles en un momento de la historia y han servido para la evolución de los seres humanos hasta este punto en el que nos encontramos hoy. Para dar el salto a una Nueva Humanidad de 5D, debemos deshacernos de todo cuanto nos desconecta de nuestra parte espiritual o, dicho de otro modo, del trocito de Dios que como parte de la creación del Creador somos. Debemos, por tanto, trascender cualquier ideología que nos hace sentir diferentes y ver a Dios en todo y en todos.

En la Nueva Humanidad no hay religiones, pues no hay jerarquías ni diferencias entre nosotros. Todos reconocemos y honramos la inmensa labor de Jesucristo, Buda, Mahoma, Babaji, Krishna y otros seres iluminados que dejaron sus enseñanzas en la Tierra, a la vez que reconocemos que todos portamos esa información divina en nuestro interior. En algún fractal de nuestra multidimensionalidad, todos somos canales y mensajeros, maestros y guías, todos tenemos un espíritu conectado al Gran Espíritu, una conexión a la Fuente que nos va proporcionando la sabiduría para avanzar en la co-creación. Hay momentos en los que nos corresponde escuchar, observar y aprender de otros emisores, y otros en los que nos corresponde hablar y transmitir nuestra emisión. Esto es poner la herramienta de la mente al servicio del espíritu, y no al revés.

Es muy fácil manipular a la mente atemorizada que pretende controlar al espíritu, pero es imposible manipular a un ser espiritual guiado por el Ser Supremo que sabe cómo utilizar la mente para relacionarse y manifestar en el holograma del mundo material. No hay posibilidad de manipular a quienes tienen la certeza de que el cielo y el infierno, los pobres y ricos, lo bueno y lo malo, los castigos y las recompensas, el pasado y futuro son solo una ilusión.

Dios es el creador de las montañas, los ríos, los océanos, las estrellas, los árboles y los pájaros. La energía que fecunda un óvulo con un espermatozoide, que hace rotar la Tierra y que gire alrededor del sol. Todo lo que no es ni jamás podrá ser creado por el hombre es creación de Dios. Ya sabemos que no es un señor con barba que nos mira desde el cielo esperando a que nos equivoquemos para castigarnos, ni nos premia cuando damos limosna a un vagabundo sintiéndonos superior a él.

Jesucristo era un humano ejemplar porque logró volver a casa, sentirse Uno con Dios. Fue la encarnación misma de la energía crística, del Amor. Un referente de lo que nosotros algún día lograríamos. Ese día ha llegado, y poco a poco todos despertaremos al Cristo interno.

Algunas de sus frases nos lo confirman:

"*Soy el camino, la Verdad y la Vida. Nadie viene al Padre sino a través de mi*"

"*El Reino de Dios está dentro de vosotros*"

"*Yo soy la Luz del mundo. El que me sigue no andará en tinieblas*"

"*No busco hacer mi voluntad, sino cumplir la voluntad del que me envió*"

"*De que le sirve al hombre ganar el mundo si pierde su alma*"

Spinoza hizo una descripción de Dios que me fascina y me gustaría compartirla aquí:

"*Deja ya de estar rezando y dándote golpes en el pecho! Lo que quiero que hagas es que salgas al mundo a disfrutar de tu vida.*

Quiero que goces, que cantes, que te diviertas y que disfrutes de todo lo que he hecho para ti.

Deja ya de ir a esos templos lúgubres, oscuros y fríos que tú mismo construiste y que dices que son mi casa. Mi casa está en las montañas, en los bosques, los ríos, los lagos, las playas. Ahí es en donde vivo y ahí expreso mi amor por ti.

Deja ya de culparme de tu miserable vida: yo nunca te dije que había nada malo en ti, que eras un pecador o que tu sexualidad fuera algo malo. El sexo es un regalo que te he dado y con el que puedes expresar tu amor, tu éxtasis, tu alegría. No me culpes a mí por todo lo que te han hecho creer.

Deja ya de estar leyendo supuestas escrituras sagradas que nada tienen que ver conmigo. Si no puedes leerme en un amanecer, en un paisaje, en la mirada de tus amigos, en los ojos de tu hijo... ¡No me encontrarás en ningún libro!

Confía en mí y deja de pedirme. ¿Me vas a decir a mí como hacer mi trabajo?

Deja de tenerme miedo. Yo no te juzgo, ni te crítico, ni me enojo, ni me molesto, ni castigo. Yo soy puro amor.

Deja de pedirme perdón, no hay nada que perdonar. Yo te hice, yo te llené de pasiones, de limitaciones, de placeres, de sentimientos, de necesidades, de incoherencias, de libre albedrío... ¿Cómo puedo culparte si respondes a algo que yo puse en ti? ¿Cómo puedo castigarte por ser como eres, si yo soy el que te creé?

¿Crees que podría yo crear un lugar para quemar a todos mis hijos que se porten mal, por el resto de la eternidad? ¿Qué clase de Dios puede hacer eso?

Olvídate de cualquier tipo de mandamientos, de cualquier tipo de leyes; esas son artimañas para manipularte y controlarte que sólo crean culpa en ti.

Respeta a tus semejantes y no hagas lo que no quieras para ti.

Lo único que te pido es que pongas atención en tu vida, que tu estado de alerta sea tu guía.

Amado mío, esta vida no es una prueba, ni un escalón, ni un paso en el camino, ni un ensayo, ni un preludio hacia el paraíso. Esta vida es lo único que hay aquí y ahora, y lo único que necesitas.

Te he hecho absolutamente libre, no hay premios ni castigos, no hay pecados ni virtudes, nadie lleva un marcador, nadie lleva un registro. Eres absolutamente libre para crear en tu vida un cielo o un infierno.

No te podría decir si hay algo después de esta vida, pero te puedo dar un consejo: Vive como si no lo hubiera. Como si esta fuera tu única oportunidad de disfrutar, de amar, de existir. Así, si no hay nada, habrás disfrutado de la oportunidad que te di. Y si lo hay, ten por seguro que no te voy a preguntar si te portaste bien o mal, sino que te voy a preguntar: ¿Te gustó?... ¿Te divertiste? ¿Qué fue lo que más disfrutaste? ¿Qué aprendiste?

Deja de creer en mí; creer es suponer, adivinar, imaginar. Yo no quiero que creas en mí, quiero que me sientas en ti. Quiero que me sientas en ti cuando besas a tu amada, cuando arropas a tu hija, cuando acaricias a tu perro, cuando ves una puesta de sol, cuando te bañas en el mar.

Deja de alabarme, ¿Qué clase de Dios ególatra crees que soy? Me aburre que me alaben, me harta que me agradezcan. ¿Te sientes agradecido? Demuéstralo cuidando de ti, de tu salud, de tus relaciones, del mundo.

¿Te sientes mirado, sobrecogido?... ¡Expresa tu alegría! Esa es la forma de alabarme. Deja de complicarte las cosas y de repetir como un loro lo que te han enseñado acerca de mí.

Lo único seguro es que estás aquí, que estás vivo, que este mundo está lleno de maravillas. ¿Para qué necesitas más milagros? ¿Para qué tantas explicaciones?

No me busques afuera, no me encontrarás. Búscame dentro... ahí estoy, latiendo en ti".

Todos sabemos que a lo largo de la historia de la Humanidad han sido varios los enviados por el Gran Espíritu para recordar el mensaje del amor, cada uno en su forma y tiempo: Jesucristo, Krishna, Buda, Krisnahmurti, David Hawkins, Shaktiananda, Vishuananda, Babaji, Yogananda, Amma, Jim Carrey, Teresa de Calcula, Gandhi... Afortunadamente cada vez son más, y más frecuentes.

Durante la transición entre estos dos mundos, son estos seres los que van guiando nuestros pasos y recordándonos el camino a la liberación del alma. Lo que importa no es realmente el mensajero, sino el mensaje, que fuera de las confusiones de las traducciones e interpretaciones humanas, es el mismo en todos ellos.

Cada uno de nosotros resuena con un mensajero, una energía, una forma de transmitir el mensaje. Da igual a quién sigas, a quién leas o a quién escuches, mientras te asegures de que la frecuencia del mensaje que recibes es coherente con el mensaje que emana de tu corazón. No hagas nada o dejes de hacer porque otro te lo diga, ya sea el Papa, el Rey, el Ministro, tu profesor, tu pareja, tu terapeuta, tu maestro o tu madre. No obedezcas ni cumplas leyes que no vibran en todo tu Ser, que no resuenan como Verdad para ti. No idolatres ni sigas a ningún Gurú: sólo tu corazón conoce tu verdad, y sólo tu verdad te liberará.

A lo largo del camino aparecerán muchos mensajeros, unos más amorosos que otros. No creas a ninguno. Escucha, recibe, respira y experimenta la vida por ti mismo. Ningún alma podrá liberarse por la tuya, ninguna persona podrá vaciar tu mente de creencias por ti, ningún corazón podrá abrirse por el tuyo, ninguna sangre podrá limpiarse por la tuya.
Donde no habrá iglesias ni monasterios, pues todos los lugares serán sagrados.

Llegará el día, no importa cuando, en el que todos nos hayamos liberado de la esclavitud de la mente, todos los habitantes de la Tierra vivamos en un continuo presente, y podamos co-crear una Nueva Tierra.

No habrá Biblia ni Corán que leer, pues todos habremos integrado la esencia de su mensaje y viviremos de acuerdo a la Ley Universal del Amor.

No habrá tradiciones, dogmas o cultos que seguir, pues todos tendremos la conciencia para darnos cuenta de que cada instante es divino, perfecto y parte imprescindible de la Gran Obra, de la que cada uno de nosotros sólo conoce un pedacito.

No habrá culpables ni pecadores, víctimas ni verdugos. Todos somos un trocito de Dios co-creando su Gran Obra, que no tiene fin. Que es cíclica y ascendente, como una espiral, como el Universo, como la Kundalini que emana del núcleo de la Tierra.

2.6

TRANSFORMACIÓN CIENTÍFICA Y TECNOLÓGICA

La ciencia es un intento de explicar el misterio que es la creación de Dios y la tecnología es la respuesta que el hombre va diseñando con el propósito de mejorar su calidad de vida en base a esas explicaciones. Las necesidades del hombre se van desarrollando en la misma medida que lo hacen sus capacidades físicas y psíquicas, y a su vez son estas últimas las que permiten que los avances tecnológicos ocurran.

Las civilizaciones más evolucionadas son civilizaciones extremadamente tecnológicas. La tecnología es un elemento clave de la evolución que facilita y favorece la vida, la salud, las relaciones, el transporte, las oportunidades de servir. El problema no está en la tecnología, igual que no está en el dinero, la comida o el sexo, sino en el uso que hacemos de ella.

***"El problema del hombre no está en la bomba atómica, sino en su corazón"* –dijo Einstein.**

El ego de las conciencias de la Vieja Humanidad está separado del Ser, y por tanto tiene miedo, y es desde ahí que busca desesperadamente protegerse, defenderse y ganar. Busca no salir herido, no sufrir, evitar el dolor. Es desde esa intención inconsciente desde la que usa la tecnología para destruir, provocando ataques, guerras y destrucción. La Vieja Conciencia tiene miedo de que le hackeen, le roben, la espíen, la controlen, le secuestren, le engañen... porque aún no ha descubierto la bendición que es una experiencia así cuando sucede para la evolución de su alma. Aún no se ha dado cuenta de que para aprender a amar hay que experimentar el dolor de no ser amado, para aprender a cuidar hay que sentir el dolor de no ser cuidado, para sentirse Uno con todo y todos debemos primero experimentar el dolor de la ilusión de estar separados. El que te roba se está robando a sí mismo, el que te engaña se está engañando a sí mismo. Y tarde o temprano, todos atravesaremos las consecuencias de nuestras acciones para despertar a la única verdad: Somos un único espíritu, manifestado en diferentes formas físicas y orquestado por el Gran Espíritu.

La conciencia de la Nueva Humanidad está movida por la Voluntad Divina y no por la voluntad personal. Utiliza la tecnología para comunicarse, inspirarse, desplazarse, aprender y compartir. Para ellos, la privacidad no es un problema porque no hay nada de lo que protegerse, no hay riesgos, no hay temor.

El hecho de que cada vez más y más profesiones sean reemplazadas por la tecnología es una señal de esta transición que estamos viviendo hacia esta Nueva Humanidad. No es una catástrofe, es una bendición. Es una oportunidad para que todas esas personas recuerden quién son, descubran sus talentos y puedan dedicar el resto de sus vidas a disfrutar sirviendo al Plan Divino con sus dones, en vez de consumir su energía vital realizando actividades mecánicas que perfectamente puede realizar una máquina.

La llamada inteligencia artificial, la “blockchain”, el internet de las cosas, la domótica y la robótica son todo parte de la ayuda que la Tierra está recibiendo de civilizaciones más evolucionadas para que entre todos construyamos y aprendamos a disfrutar del paraíso que es la

Tierra. Y esta ayuda va llegando al ritmo que vamos estando preparados para usarla en favor de la vida, para crear y no destruir.

Mientras que las conciencias de la Vieja Humanidad sufren porque cada vez son más los negocios locales y las oficinas que cierran, la nueva conciencia agradece la oportunidad que este nuevo sistema nos ofrece de disponer de toda nuestra libertad para usar nuestro tiempo de vida haciendo lo que nos apasiona hacer, desde dónde queremos y con quién queremos compartirlo. Cuanto más ego disolvemos, más libertad sentimos y, por tanto, menos identificación con una tarea específica, una profesión concreta, una única función, una única ubicación geográfica.

Somos habitantes de un Planeta que ofrece infinidad de maravillas por descubrir. La tecnología nos permite trascender cualquier tipo de barrera y obstáculo para dedicarnos única y exclusivamente a servir al Plan Divino allá donde se nos requiera.

Parte 3

CO-CREANDO UNA NUEVA HUMANIDAD

Desde que comencé a escribir (aunque en ese momento no tenía la menor idea de que lo que estaba narrando desde mi propia necesidad de vaciarme sería un libro dos meses más tarde) he ido conociendo a numerosas personas que ya hace tiempo hablan de una Nueva Humanidad. En su libro *La ciencia de los milagros*, Greg Bradden habla de cómo una misma información se descarga en distintos puntos del Planeta, que aunque distantes en el espacio, se mantienen conectados por su propósito Divino.

Así lo siento ahora. Somos millones de almas las que (por Gracia Divina, por nuestro propio proceso evolutivo y porque así lo acordamos antes de venir) hemos despertado a lo largo y ancho de la Tierra, las que ya hemos sanando nuestras heridas, perdonado nuestros juicios, liberado el dolor que acumulábamos en nuestro corazón, trascendido nuestros miedos y desbloqueado nuestro sistema energético. Somos muchos, cada día más, los que elegimos el Amor por encima del miedo. Nos queda todo por aprender y descubrir, igual que antes de despertar, pero al menos ahora somos conscientes de que no sabemos nada. Hemos renunciado al deseo de entender la vida, y en su lugar nos hemos rendido a disfrutar del milagro de estar vivos.

Todos formamos parte de una Gran Única Misión: que este planeta ascienda a la 5D, que las civilizaciones que habitamos en ella evolucionemos, despertemos nuestro Ser espiritual, avancemos en el camino de vuelta a la esencia, soltemos el control de la vida y nos rindamos completamente al Plan Divino.

En este momento se puede decir que hay dos equipos dentro de esta Gran Única Misión: el grupo de los terapeutas, psicólogos y demás personas cuyo servicio consiste en reprogramar las creencias del pasado, sanar las heridas emocionales, limpiar los cuerpos físicos y contribuir a que cada día nuevas almas vayan despertando al amor que son, y el grupo de los que vinimos a co-crear los nuevos sistemas y estructuras que se llevarán a cabo en la Tierra bajo la Ley Universal del Amor.

A medida que vamos despertando nos vamos dando cuenta de que no encajamos en los sistemas convencionales. La economía, la política, la religión, la sanidad, la educación... no nos encajan. Y no porque seamos rebeldes sino porque no somos manipulables. No aceptamos el control de nadie, porque nadie tiene más poder que nosotros. Si no encajamos en los sistemas actuales, nos corresponde crear los nuevos.

Ningún humano conoce los tiempos divinos, tampoco la meta, y es por eso que cada día vamos siendo guiados hacia un lugar desconocido del que sólo podemos intuir una diminuta porción.

Todos los que formamos parte de esta Gran Misión de acompañar a los habitantes de la Tierra en nuestro proceso de ascensión sin tener que deshacernos de nuestro cuerpo físico para ello estamos siendo guiados por maestros de otras civilizaciones que ya habitan dimensiones superiores, ordenados bajo la Confederación Galáctica. Seres que ya han atravesado el proceso que la Tierra está atravesando en este momento, que ya han superado los obstáculos de la transición a la 5D, que ya tuvieron que reestructurar todos sus sistemas organizativos, que ya experimentaron el sufrimiento provocado por la separación y la dualidad.

Describir la visión de una Nueva Humanidad es un desafío muy ambicioso, y estoy segura de que, a pesar de que este libro es el resultado de aunar numerosas visiones al respecto, apenas hemos mencionado un 1% de todo cuanto sucederá. La realidad es que no tenemos ni idea de hacia adónde vamos ni podremos saberlo jamás. Saberlo sería revelar el misterio que es Dios, leer el final de un libro infinito. Cada día se nos permitirá descubrir la información de la página que en cada momento se requiere que conozcamos, ni más ni menos.

Los que ya podemos sentir el Amor en nuestros corazones podemos identificar todos los modelos y estructuras actuales que no se sustentan en él, e intuir la transformación que debe realizarse en ellos para que así sea.

Si ya has dado el salto a la 5D, seguramente nada de lo que te he contado aquí te resulta nuevo o extraño. De una forma u otra, en una de las áreas de transformación o en todas, ya estás contribuyendo a la co-creación de esta Nueva Humanidad de la que hablo, sirviendo a otros con tus talentos, despertando conciencias, repartiendo pastillas rojas a otras almas que aún andan estancadas en la matrix de la 3D, construyendo nuevos modelos empresariales, educativos, sociales, políticos o sanitarios. Me encantará conocerte, hermano, hermana, si en algún momento nuestro Padre nos permite coincidir en el tiempo y en el espacio. Si hay algo que desde el canal que yo soy puede contribuir a tu misión, cuenta con ello incondicionalmente. Si lo sientes, regístrate en www.unanuevahumanidad.com para que otras almas te encuentren y descubran si tu misión específica puede ayudarlos a avanzar en sus procesos. Cuantos más seamos y más unidos estemos, antes se manifestarán los cambios.

Desde arriba estamos siendo completamente guiados y apoyados en el perfecto tiempo y forma Divina.

Si estás en proceso de recordar quién eres, posiblemente estés percibiendo el mundo desde la 4D. Persevera, mantén tu firme compromiso de vibrar en el amor, de escapar de la dualidad de la mente, de recordar quién eres. Pide asistencia a tus Guías y Maestros para que te muestren el camino más directo hacia la rendición total, hacia el fractal de Dios que habita en ti. Confía en tu intuición, aunque eso implique tomar decisiones difíciles e injustificables.

Si sientes que sigues atrapado en la 3D, te felicito enormemente por haber leído este libro. Es muy posible que no creas alguna o bastante de la información que aquí te comparto, que te parezca fantasía o ciencia ficción. Es posible incluso que te aburra toda esta nueva corriente New Age, que no entiendas muchos de los conceptos que aquí te comparto o que tu mente nos califique como hippies o volados. Pero estás aquí y eso es lo importante. Estás abierto al cambio, buscando alternativas al sufrimiento provocado por la mente condicionada, dispuesto a aprender. Has elegido un camino distinto al de la queja y el miedo, y eso es señal de que estás mucho más cerca de lo que piensas de la 5D, donde experimentarás un gran alivio y sanación.

Siempre seréis todos bienvenidos en @dlovelab, el espacio que la Divinidad nos ha proporcionado en plena selva del Caribe de Costa Rica para acompañarnos y compartirnos en este camino de vuelta hacia el Amor que somos. En www.dlovelab.com encontrarás todas las actividades y viajes que organizamos, además de un formulario a través del cual contactarnos.

A continuación te propongo una lista de Referentes y Referencias que a mi me sirvieron en su momento y quizás ahora pueden inspirarte a ti también.

REFERENCIAS Y REFERENTES

Personas, herramientas y libros que forman parte de esta misión y pueden ayudarte a acelerar tu proceso para dejar de sufrir y comenzar a disfrutar de la fiesta que es la vida. Personas que ya viven con el corazón abierto, que ya han integrado la información que hoy tú estás buscando para gozar del paraíso que es la Tierra, de esa Tierra Prometida.

Hay tantos caminos para llegar a Dios como personas, y cada uno de nosotros debemos transitar el nuestro. El proceso es totalmente individual, y sólo tú sabrás cuál es el tuyo y a qué ritmo quieres recorrerlo. Aquí te dejo una lista de referentes y referencias en los distintos ámbitos: salud y autoestima; relaciones y sexualidad; dinero y empresa. Hay muchísimosmás a lo largo y ancho del planeta, y seguro que esta lista se irá ampliando en www.unanuevahumanidad.com a medida vayan surgiendo nuevas conexiones.

Además de las centenas de conferencias, talleres y formaciones a las que he asistido personalmente en muchos países con grandes referentes a nivel mundial, durante 3 años desarrollé una start-up que consistía en conectar a personas que necesitaban ayuda con profesionales dispuestos a ayudar. Esto me permitió conocer a muchos, muchísimos profesionales, de los cuales hoy te recomiendo algunos, los que más me impulsaron o inspiraron a mí en su día. A todos ellos puedes encontrarlos en la red. **¡Comienza por donde lo sientas, si lo sientes!**

En Spotify hay una lista "Una Nueva Humanidad" con música consciente, letras amorosas y motivadoras.

NUTRICIÓN & SALUD FÍSICA

- Montse Bradford (todos sus libros y formaciones) y su discípula Ana Mulero
- Flores (sesiones individuales y cocina para eventos/ retiros).
- Contact Dance
- Forest Bathing
- Chi Kung
- Yoga
- Luz Dary Parra, creadora de la BioReprogramación, una herramienta completísima que combina la Descodificación Biológica con el Árbol Transgeneracional y el Guión Mental Personal.
- Yenny Arbeláez, médico psicoterapeuta y BioReprogramadora (@eyaexperiencias)
- Libro Dejar Ir, de David Hawkins
- Método Wim Hof, baño helado
- Ayunos 24h, 48h, 72h, una semana, 21 días...

FAMILIA Y COMUNIDAD

- Irene Goikolea, consteladora familiar y fundadora de Amalurra
- Emilio Fiel, fundador Comunidad Arcoiris

- Libros de Bert Hellinger, el fundador de las Constelaciones Familiares
- Yasmina Lasso de la Vega, psicóloga consteladora

DINERO Y EMPRESA

- En el canal de YouTube de Melej Israel puedes profundizar en toda la transformación económica que se está produciendo hacia un Sistema Cuántico Financiero.
- Documental Thrive ¿Cuánto le costará al planeta? En YouTube
- www.qfs2020.com
- Amanau, organización que acompaña e inspira procesos de transformación de empresas tradicionales en empresas de la Nueva Humanidad.
- Felipe Griz: eventos y formaciones para conquistar una metalidad de abundancia y riqueza
- Libro El éxito es para ti, de David Hawkins.

SEXUALIDAD Y RELACIONES

- Astiko (www.tantrawithastiko.com/)
- Diana Nuñez (Sexurero)
- Francisco Fortuño (Hombres Evolucionantes)
- Fadrique Soma

ESPIRITUALIDAD

- Los 88 peldaños de la gente feliz, de Anxo Pérez
- La liberación del alma, de Michael Singer.
- El experimento Rendición, de Michael Singer.
- Trascender los niveles de conciencia, de David Hawkins
- Autobiografía de un Yogui, de Yogananda
- El poder del Ahora, de Eckhart Tolle
- Ami, el niño de las Estrellas, de Enrique Barrios
- El cuerpo astral y los Universos paralelos, de Natacha Enriquez
- Conversaciones con Dios, de Neale Donald Walsch
- Rómulo Tagliavacche, con sus conferencias en YouTube o asistiendo a cualquiera de sus eventos
- Miguel Ruiz, cualquiera de sus libros
- Sixto Paz Wells, conferenciante contactado por seres de otras civilizaciones. Tiene numerosos libros y videos en YouTube.
- Adela Pastor, mentorías individuales o grupales.
- Libros de Carlos Castaneda
- Video Las 7 Dimensiones de conciencia de Ricard Barrufet
- Videos de Sara Maihaka

SOBRE LA AUTORA

Ama es la nueva versión de Ana Cascales.

La actual es un alma libre que, tras recordar su origen divino, rindió completamente su voluntad personal a la Voluntad del Creador, y vive cada instante presente siguiendo las instrucciones que recibe para manifestar el Plan de Dios en la Tierra. Su misión es co-crear una Nueva Humanidad desde la 5D junto a otros líderes con los que se está reencontrando.

La antigua era una mujer valiente, ambiciosa y emprendedora, comprometida con el crecimiento, el éxito y la libertad. Nació en Granada en 1987, trabajó como auditora para un banco internacional, emprendió varios proyectos digitales y, después de varias vueltas por el mundo, se enraizó en D'Love Lab, un espacio para la transformación personal en el Caribe de Costa Rica.

Ambas son madres de Carla, una niña de 5 años que no comprende ni acepta un mundo regido por leyes distintas a la del Amor.

GRACIAS

Gracias a ti, herman@, por haberte sumergido en esta lectura, en este viaje hacia un nuevo lugar. Por haber dedicado tu tiempo y tu energía a recibir este mensaje, y la vibración en la que resuena.

Tus Guías saben cuál es tu función en esta Nueva Humanidad, una función que es importantísimo que desempeñes a través de tus dones con mucho disfrute y pasión.

Si así corresponde dentro del Plan Divino, algún día nuestras almas se conectarán para co-crear una experiencia conjunta, un intercambio energético, una puerta a nuevas travesías.

Recibe todo mi amor y gratitud.

Eres perfect@.

Ama.

Made in the USA
Columbia, SC
09 April 2023

14592665R00091